Biblische Texte verfremdet

Grundsätze – Methoden –
Arbeitsmöglichkeiten

Von Horst Klaus Berg

W0065350

Kösel/Calwer

Biblische Texte verfremdet Band 1
Herausgegeben und eingeleitet von Sigrid und Horst Klaus Berg

CIP-Kurztitelaufnahme der Deutschen Bibliothek

Berg, Horst Klaus:
Biblische Texte verfremdet: Grundsätze – Methoden –
Arbeitsmöglichkeiten / von Horst Klaus Berg. – München :
Kösel; Stuttgart : Calwer Verlag, 1986.
(Biblische Texte verfremdet; Bd. 1)
ISBN 3-466-36366-7 (Kösel)
ISBN 3-7668-0808-7 (Calwer Verl.)

© 1986 by Kösel-Verlag GmbH & Co., München und Calwer Verlag,
Stuttgart.
Printed in Germany. Alle Rechte vorbehalten.
Gesamtherstellung: Kösel, Kempten
Umschlag: Günther Oberhauser, unter Verwendung der Abbildung von
Alexej Jawlensky, Großer abstrakter Kopf, um 1929. © 1986, Copyright by
COSMOPRESS, Genf
ISBN 3-466-36366-7 (Kösel)
ISBN 3-7668-0808-7 (Calwer)

INHALT

ZU DIESEM BUCH

"WIR MÜSSEN MAL MIT IHM ZUM KINDERPSYCHOLOGEN."

Ganz so weit sind wir wohl noch nicht.

Aber für viele Zeitgenossen paßt die Bibel in der Tat nicht mehr ins Leben.

Viele Gründe wären dafür namhaft zu machen. Eine Ursache ist sicher, daß die Bibeltexte sich durch den langen Gebrauch abgenutzt haben. Jeder meint sie zu kennen . . . „overfamiliar" nennt man im Englischen ein Verhältnis, in dem Gewohnheit nicht mehr zuläßt, daß man überhaupt noch Notiz von einem Gegenüber nimmt. Die Reihe „Biblische Texte verfremdet" hat sich zum Ziel gesetzt, die Bibel wieder frag-würdig zu machen, indem sie sie aus der allzu dichten Nähe wegrückt, zum Staunen einlädt, zum Lesen motiviert.

In einer Reihe von Bänden zu verschiedenen biblischen Themen werden Verfremdungen in Wort und Bild angeboten. Band 1 stellt sich die Aufgabe, das Verständnis zu vertiefen. Er wendet sich nicht zuerst an die theologischen oder religionspädagogischen Fachkollegen, sondern an alle, die an einem besseren, neuen Zugang zur biblischen Überlieferung interessiert sind. Darum vermeidet die Darstellung weitgehend Fachbegriffe.

Kapitel I führt in die Begründungen, die Ziele und die Grenzen der Methode ein. Kapitel II und III erläutern an zahlreichen Beispielen die spezifischen Verfahren, wobei der künstlerischen Verfremdung ein eigenes Kapitel gewidmet ist. Die beiden letzten Kapitel bieten dem Leser, der sich aus beruflichen Gründen für den Einsatz von Verfremdungen und für Möglichkeiten der eigenen Produktion interessiert, praktische Hinweise und Anleitungen.

Im Text wird häufig auf die Themenbände verwiesen; die dort abgedruckten Verfremdungen sind folgendermaßen zitiert: z. B. 2.1 = Bild/Text Nr. 1 aus Band 2.

PRÄLUDIUM

Eben ist die wöchentliche Bibelstunde beendet. Heute gibt es noch eine Diskussion unter den Teilnehmern; denn Pfarrer Kruse hat diesmal nicht nur den Text erklärt wie sonst, sondern am Schluß noch eine moderne Übertragung vorgelesen – „als kleinen Denkanstoß", wie er sagte. *

Frau Alber: Also, ich bin empört! Das hat doch nun mit Gottes Wort wirklich nichts mehr zu tun! „Selig sind die Reichen!" hat es da geheißen, statt: „Selig die Armen". Da wird ja der Bibeltext auf den Kopf gestellt!

Frau Metzger: Ich fand es eigentlich gar nicht so schlecht. Pfarrer Kruse wollte ja den Bibeltext nicht ersetzen, das hat er ausdrücklich erklärt. Als Denkanstoß . . . warum eigentlich nicht?

Herr Weber: Ich fand es auch ganz interessant. Wenigstens nicht immer das Gleiche! Bei den alten Bibeltexten hört man doch oft schon gar nicht mehr richtig hin – man kennt sie doch in- und auswendig!

Frau Kurt: An sich kann es nicht schaden, wenn die Bibel von Zeit zu Zeit ein bißchen modernisiert wird. Aber doch nicht so! In dem Text stand ja genau das Gegenteil von dem, was Jesus sagte.

Frau Alber: Genau! Und darum ist das kein Denkanstoß, sondern eine Verhöhnung der Heiligen Schrift! Das werde ich Pfarrer Kruse auch noch in aller Deutlichkeit sagen. Vielleicht müßte man auch einmal mit dem Kirchengemeinderat über diese „neue Bibel" reden, die uns hier vorgesetzt wird.

Herr Weber: Nun mal langsam, Frau Alber. Regen Sie sich doch nicht so auf! Mir ging es oft so, daß der Pfarrer sehr gut und verständlich erklärt hat, was Jesus seinen Jüngern und Zuhörern damals sagen wollte – aber, ehrlich gesagt – mit mir persönlich hatte das nicht allzu viel zu tun.

* Das Gespräch bezieht sich auf den S. 10 abgedruckten Text (1.1)

Frau Metzger: Ja, das muß ich bestätigen. Und heute, dieser Text, den der Pfarrer vorlas – schockiert hat er mich auch – jedenfalls im ersten Augenblick. Aber dann hat er mir doch einen Anstoß gegeben, darüber nachzudenken, wo ich selbst stehe – ob ich eigentlich im Sinn der Seligpreisungen lebe oder vielleicht doch so, wie es der andere Text beschrieb.

Herr Weber: Genau, das meine ich auch! Jetzt kann ich eher verstehen, was das Bibelwort mit mir selbst zu tun hat. Und dafür brauchen wir vielleicht öfter solche Texte, die den gewohnten Trott durchbrechen und uns zum Nachdenken zwingen.

Frau Kurt: Und wenn das Wort Gottes so verbraucht ist, daß es für uns verstummt? Mir kommt es manchmal so vor, als sei „das Salz dumm geworden", wie es in meiner alten Lutherbibel heißt.

Frau Alber: Nein, nein, Frau Kurt. Das Wort ist nicht stumm geworden – wir sind taub geworden – jedenfalls einige von uns – wenn Sie verstehen, was ich damit sagen will . . . Und was die Dummheit betrifft – darüber sollten wir vielleicht am nächsten Mittwoch mit Pfarrer Kruse reden.

I DIE BIBEL WIEDER HÖRBAR MACHEN

Vier Verfremdungen zu den Seligpreisungen

Der Bibeltext

Selig sind die geistlich Armen,
denn ihrer ist das Reich der Himmel.

Selig sind die Trauernden,
denn sie sollen getröstet werden.

Selig sind die Sanftmütigen,
denn sie werden das Land besitzen.

Selig sind,
die hungern und dürsten nach Gerechtigkeit,
denn sie sollen gesättigt werden.

Selig sind die Barmherzigen,
denn sie werden Barmherzigkeit erlangen.

Selig sind, die reinen Herzens sind,
denn sie werden Gott schauen.

Selig sind die Friedfertigen,
denn sie werden Söhne Gottes heißen.

Selig sind, die um der Gerechtigkeit
willen verfolgt werden,
denn ihrer ist das Reich der Himmel.

Selig seid ihr,
wenn sie euch schmähen und verfolgen
und alles Arge wider euch reden
um meinetwillen und damit lügen.

Freuet euch und frohlocket,
weil euer Lohn groß ist
in den Himmeln.

Matthäus 5,3–11

1.1

Selig die Reichen,
denn „Geld regiert die Welt".

Selig sind die Lauten und Oberflächlichen,
denn „wir kommen alle, alle in den Himmel"
und darum „meide den Kummer und meide den Schmerz,
dann ist das Leben ein Scherz".

Selig die Rücksichtslosen,
denn „sie gehen über Leichen"
und werden es zu etwas bringen.

Selig, die hungern und dürsten
nach Macht und Ansehen,
denn sie werden diese Welt beherrschen.

Selig sind die Egoisten,
denn „selber essen macht fett".

Selig sind die Raffinierten,
denn sie werden „ihr Schäfchen
ins Trockne bringen".

Selig, die alle anderen durcheinanderhetzen,
denn sie können „im Trüben fischen".

Selig, die ihren Mantel nach dem Wind hängen,
denn sie werden immer obenauf sein
und „machen kann man da nichts".

Selig seid ihr,
wenn euch die Menschen
loben und anhimmeln und euch beklatschen,
weil ihr ihnen nach dem Munde redet und
„nur nicht auffallen" wollt,
denn ihr werdet gute Posten, Ehrenurkunden
und Orden bekommen.

Pereira, 1973, S. 299

1.2

Selig sind die Armen
– nie wieder Äthiopien

Selig sind die Trauernden
– nie wieder Auschwitz

Selig sind die Sanftmütigen
– nie wieder Folter

Selig sind die nach Gerechtigkeit
Hungernden und Dürstenden
– nie wieder Afghanistan

Selig sind die Barmherzigen
– nie wieder Weizenpolitik und Überschußvernichtung

Selig sind die reinen Herzens sind
– nie wieder politische Lügen

Selig sind die Friedfertigen
– nie wieder Hiroshima

Nie wieder dies
   und das
   und noch vieles andere

Dann könnte die Seligkeit beginnen.

Ulrike Weber

1.3

Seligpreisung

Selig
die manchmal an sich selbst verzweifeln
denn sie werden für die Schwächen der
Menschen Verständnis aufbringen.

Selig
die anderen die Tränen abwischen
denn sie werden in ihrem Leid
nicht allein sein.

Selig
die sich über Unrecht empören
denn sie werden für Gerechtigkeit eintreten.

Selig
die sich offen und echt preisgeben
denn sie werden Freunde gewinnen.

Selig
die ihren Nächsten mit den Augen
der Liebe ansehen
denn sie werden seinen guten Kern entdecken.

Selig
die immer wieder einen neuen Anfang wagen
denn sie werden nicht vorzeitig sterben.

Annemarie Knorpp
Aus: Publik Forum 21/1984

1.4

Glücklich sind wir Armen

Niemals könnt ihr so viele
hungrige Arme mundtot machen.
Unser Gott begleitet uns,
und wir werden
sehr zufrieden kämpfen!

Glücklich sind wir, die Armen,
die wir Gott zum Vater haben.
Wehe euch, die ihr nun reich seid.
Ihr habt jetzt schon euren Trost!

Die wir heute Hunger haben,
werden morgen Brot austeilen.
Wehe euch, die ihr eßt von den Armen,
was sie zum Leben brauchen.

Die wir heute allzuviel weinen,
werden morgen alle lachen.
Wehe euch, die ihr jetzt lacht,
ihr werdet später alle klagen!

Glücklich sind wir, die Verfolgten,
weil wir eine neue Welt suchen.
Wehe euch, die ihr euch umbringt,
um uns nur alle klein zu halten!

Aus: Vamos Caminando, 1983, S. 385

Kurzkommentar zu den vier Verfremdungen

Zu Text 1.1 (Pereira)

Bei diesem Text springt gleich ins Auge, daß er die Gegenposition zu den biblischen Sprüchen einnimmt: Nicht die Armen sind „selig", sondern die Reichen, nicht die Sanftmütigen, sondern die Rücksichtslosen . . . Punkt für Punkt spricht der Text gegen die überlieferten Worte. Dabei hält er sich streng an die Reihenfolge der biblischen Preisungen. Der Verfasser formuliert seinen Standpunkt mit Hilfe von Redensarten, jeweils durch Anführungszeichen kenntlich gemacht. Sie sollen zeigen, was bei uns als „common sense" gilt und wie es in unserer Welt zugeht.
Der Text wirft viele Fragen auf: Sind die Worte Jesu unrealistisch? Kommt man unter die Räder, wenn man sie ernst nimmt? Wonach richten wir uns selbst?

Zu Text 1.2 (Weber)

Diese Verfremdung zitiert die ersten sieben Seligpreisungen der Bergpredigt. Zwischen die einzelnen Sprüche schiebt sie jeweils eine „fremde" Zeile. Die sieben Fremd-Worte sind streng analog gebaut: Sie sind sprachlich als Parolen gearbeitet („Nie wieder. . .") und benennen inhaltlich jeweils konkrete Verhaltensweisen oder geographische Begriffe, die für bestimmte Handlungen stehen (Auschwitz: Judenmorde; Hiroshima: Massenvernichtung . . .) Diese konterkarieren die biblischen Seligpreisungen, und zwar nicht im Sinne des ordinären alltäglichen Egoismus, sondern im Sinne brutaler Machtausübung und Lebensvernichtung.

Wieder wird der Leser mit der Frage konfrontiert, was in unserer Welt gilt und gelten soll: Die Lebensweisung Jesu oder die Herrschaft des Todes. Gleichzeitig hebt der Text hervor, daß wir die Einlösung der Seligpreisungen nicht von Gott allein erwarten dürfen, sondern selbst aufgerufen sind, daran mitzuarbeiten, daß „die Seligkeit beginnen" könnte.

Zu Text 1.3 (Knorpp)

Ganz anders setzt diese Verfremdung an. Sie gibt den strengen Kontakt zur biblischen Vorlage auf. Beibehalten ist allerdings die Bauform der biblischen Sprüche (Preisung – Begründung), sowie weithin das inhaltliche Profil des Bergpredigt-Textes: Die „an sich selbst Verzweifelnden" stehen für die biblischen „Armen" usw. Neu ist bei den meisten Sprüchen die Beschreibung der Empfänger: Fast immer sind es Menschen, die aktiv tätig sind; besonders deutlich kommt diese Umakzentuierung im zweiten Satz heraus: Aus den „Trauernden" sind solche geworden, „die anderen die Tränen abwischen". Die Verfasserin bringt zum Ausdruck, daß wir selbst an der Verwirklichung der biblischen Verheißungen beteiligt sind (oder jedenfalls beteiligt sein sollten). Sie formuliert dies aber nicht in Form eines Appells, sondern in Form einer Zusage: Wer andere tröstet, wird nie allein sein; wer einen neuen Anfang wagt, wird nicht in Resignation versteinern, sondern gute Lebensmöglichkeiten entdecken.

Zu Text 1.4 (Vamos Caminando)

Diese Fassung ist ein Lied aus dem „Katechismus" der peruanischen Campesinos *Vamos Caminando*: Der Titel besagt: „Machen wir uns auf den Weg". Eben diese Aufbruchsstimmung spricht aus dem Text. Es handelt sich um eine freie Nachdichtung der biblischen Sprüche. Sie zeigt die charakteristischen Merkmale des Glaubens dieser Christen: Vor allem, daß sie sich mit den biblischen „Armen" identifizieren: Sie sind es, denen die Zusage Jesu gilt. Dies nehmen sie aber nicht passiv hin, sondern kämpfen für die Einlösung der Zusage Gottes in der Solidargemeinschaft; dieser kämpferische Akzent veranlaßt sie auch, sich auf die lukanische Version der Seligpreisungen zu stützen (Lk 6,20–26), die den Heilrufen an die Armen Weherufe an die Reichen entgegensetzt. Im Lied der Campesinos sind die „Reichen" diejenigen, die den Armen das Lebensrecht beschneiden.

Dieser Text sollte bei uns nicht zuerst die Frage nach der Legitimität eines solchen Gebrauchs der biblischen Überlieferung auslösen; angesichts der realen Situation der ausgebeuteten Campesinos wäre eine solche Frage wohl recht überheblich. Eher wäre die Überlegung angezeigt, ob wir uns noch als legitime Erben der Verheißung betrachten dürfen – oder ob wir die Weherufe an die Reichen auf uns selbst beziehen müssen?

Warum spricht die Bibel nicht mehr?

1. Sind wir taub geworden?

In fast jedem Haushalt der Bundesrepublik findet sich eine Bibel – aber sie verstaubt meist ungelesen im Regal. Und jedes Versandhaus, das etwas auf sich hält, bietet wunderbar ausgestattete „Prachtbibeln" an, die offensichtlich auch gekauft werden – aber wer liest sie?

Für die meisten Zeitgenossen ist die Bibel offenbar nicht mehr das „Hausbuch", in dem sie Rat, Trost und Lebensorientierung für den Tag suchen. Längst ist die Heilige Schrift verdrängt von ganz anderen Orientierungsangeboten, allen voran dem Fernsehen.

Ohne Zweifel sind diese Erosionserscheinungen nicht auf die sogenannten Kirchenfernen beschränkt; sie zeigen sich auch bei denen, die sich zu Gottesdienst und Gemeinde halten (wenn auch in gemilderter Form): Gottes Wort steht hoch in Ehren – aber hören wir es wirklich als „Gute Nachricht", wie es eine seit einigen Jahren verbreitete Übersetzung nahelegt – eine Nachricht, die uns trifft, eben wie eine unverhofft eintreffende günstige Meldung, die auch praktische Folgen für unser Alltagsleben auslöst?

Wie lassen sich diese Beobachtungen erklären? Und gibt es Möglichkeiten, die ein wenig schal gewordene Beziehung zur Bibel wieder zu beleben?

Wenn wir nach den *Ursachen* fragen, so dürfen wir nicht nach einem einzigen Grund suchen – hier kommt vieles zusammen.

Zunächst einmal hat der steigende Fernsehkonsum unsere Wahrnehmungsgewohnheiten radikal verändert: Wichtige und interessante Informationen erreichen uns vielfach nicht mehr über das gelesene oder gehörte Wort, sondern über das Bild; bei Jugendlichen auch über die Musik, die oft das Gespräch verdrängt. Unsere Bereitschaft, vielleicht sogar unsere Fähigkeit, sprachliche Mitteilungen als relevant aufzunehmen, wird dadurch erheblich geschwächt. Insofern sind wir tatsächlich „taub" geworden, wie es in dem kleinen Streitgespräch hieß.

Dazu kommt, daß wir im öffentlichen Bereich von einer geradezu hemmungslosen Inflation aufgedonnerter, aber inhaltsleerer Sprache überschwemmt werden. Wer tagtäglich Reden anhören oder lesen muß, die pathetisch den Frieden beschwören, wobei jeder weiß, daß den Worten keine Taten folgen – der wird kaum noch in der Lage sein, die biblische Botschaft vom „Frieden auf Erden" als eine ihn betreffende „Gute Nachricht" wahrzunehmen.

Dieser Sprachverfall – Wissenschaftler sprechen von Sprachsklerose – hat natürlich auch vor den Kirchentüren nicht haltgemacht: Abgebraucht, altgeworden erscheint uns oft die religiöse Sprache. Paul Konrad Kurz bemerkt, daß der christliche Glaube (zwar) das neue Leben verkünde; „aber das neue Leben wird nicht glaubhaft, weil es sprachlich und stilistisch als Greis daherkommt" (Kurz, 1984, S. 265).

Diesem Sprachverfall müssen wir etwas genauer nachgehen.

2. Manna von gestern

Manna war bekanntlich die zum Überleben notwendige Speise, die die Israeliten überraschend in der Wüste fanden, als die Lage ganz aussichtslos schien. So konnten sie von einem Tag zum anderen ihr Leben fristen. Nur eins durften sie nicht: Vorräte anlegen. Wer die himmlische Speise konservieren wollte, um sich von Gottes Fürsorge unabhängig zu machen, erlebte, daß das Manna verfaulte.

Ganz ähnlich scheint es heutzutage beim Umgang mit der Bibel zuzugehen: die alte Botschaft wird konserviert.

Verträgt sie das?

Oft mühen sich die Prediger, die biblische Überlieferung mit der Gegenwart in Beziehung zu bringen. Aber für viele Zuhörer bleibt dann doch wieder alles beim alten; eine reale Beziehung zu ihrer Lebenswelt mit ihren Problemen und Aufgaben, mit ihrem Lachen und auch ihren Tränen finden sie darin nicht.

Und versucht es einmal einer, die überlieferten Worte in der Alltagssprache in die heutige Welt zu bringen, kann es leicht Ärger geben.

Ein interessantes Beispiel sind die Morgenandachten von Pastor Siegfried Munz (rororo 5123). Pastor Munz erzählt biblische Geschichten, „als wären sie erst gestern passiert". Zugegeben – gelegentlich mag die Rede ein bißchen „locker vom Hocker" kommen (Klappentext), aber das Bemühen, das Evangelium lebensbezogen zur Sprache zu bringen, ist unüberhörbar. Interessant sind die Reaktionen: Die Andachten wurden aus dem Programm des NDR gestrichen, ein bekannter theologischer Publizist lieferte das Urteil: „Allein besessen von dem Gedanken, beim Zuhörer anzukommen, geht es ihm zuerst und zuletzt nur um eine möglichst rasante Wortwahl; die Sache wird überhaupt nicht bedacht. Auf diese Weise bleibt die Wahrheit nicht nur auf der Strecke, sie wird überhaupt nicht erst auf den Weg gebracht" (a.a.O., S. 17).

Ein anderes Beispiel: Ein Gastprediger, der es wagte, beim vorgeschriebenen Text „Ihr könnt nicht Gott und dem Mammon

dienen" zu fragen, ob die gerade abgeschlossene üppige Reno-
vierung eben dieser Kirche angesichts des weltweiten Hungers
nicht in die Nähe des „Mammon-Dienstes" geraten könne, wurde
vom Ortspfarrer anschließend vorwurfsvoll ermahnt: „Es gibt
Unruhe!"

Und die war augenscheinlich als Reaktion auf das Bibelwort
nicht vorgesehen!

Natürlich gibt es auch viele gute Beispiele für lebensbezogenen
Umgang mit der biblischen Überlieferung in der Kirche – aber die
Regel ist doch wohl eher die feierliche Wiederholung der ewigen
Wahrheiten, ein sorgsam gehüteter Schatz heiliger Tradition.

Dazu kommt noch, daß die biblischen Texte im Vorgang der
Vermittlung meistens auf die einheitliche Form der „Aussage"
gebracht werden – welcher Prediger oder Ausleger vermittelt
einen Psalm schon als ein Lied, eine Epistel als Brief, einen
Hymnus als Preisung? Damit geht aber der Anruf-Charakter der
biblischen Überlieferung ein gutes Stück weit verloren – das
Wort des Herrn wird zum Zitat – die „gute Nachricht" zum Lehr-
Text. Wen wundert es, wenn heute eigentlich niemand mehr die
Bibel als erfreuliche, belebende Speise zu sich nehmen mag –
eher kommt sie uns vielleicht doch wie Manna von gestern vor –
ehrfürchtig aufbewahrt in kostbaren Gefäßen, feierlich betrachtet, gern vorgezeigt – aber eben nicht recht genießbar! Manche
behaupten sogar, die ehemals belebende Speise sei zum Gift
geworden; doch davon später.

3. Was man zu gut kennt, erkennt man nicht mehr

Haben wir zuviel Bibel?

Auf diese Idee könnte man kommen, wenn man diese Notiz von
Hans-Dieter Bastian liest: „Man darf doch nicht im Ernst erwarten, daß ein westeuropäischer Predigthörer, der die Möglichkeit
hat, über fünfzigmal mit wachem Bewußtsein und im Gottesdienst der Gemeinde Weihnachten zu feiern, hermeneutisch
imstande ist, noch irgendeinen einschlägigen Bibeltext als Neu-

igkeit zu hören" (Bastian, 1965, S. 29): Dieser bemerkenswerten Überlegung kann man schwerlich widersprechen.

Zwei mögliche Ursachen für das Altwerden der Botschaft sind dieser Notiz zu entnehmen. Einmal: Eine Übersättigung mit stets den gleichen Bibeltexten führt zur *Gewöhnung;* und: Die Begegnung mit diesen Texten findet oft in *Situationen* mit einer spezifischen Prägung statt. Beide Faktoren beeinflussen die Weise, in der wir das Bibelwort aufnehmen und verarbeiten, ganz erheblich.

Die *Gewöhnung* erzeugt natürlich Langeweile – Langeweile sorgt für Überdruß: „Schon wieder das gleiche" – das ist häufig unsere Reaktion, auch wenn wir es nicht wagen, dies einzugestehen, meistens wohl nicht einmal uns selber. Ständige Gewöhnung macht auch unsere Aufnahmeorgane stumpf: wir werden dann nur noch hinhören, aber kaum noch zuhören; wir werden noch auf das Wort schauen, aber es kaum noch sehen. Die Texte des Alten und Neuen Testaments sind uns zu nahe gekommen; im Englischen nennt man ein solches Verhältnis „overfamiliar" (G. M. Martin in seiner Einleitung zu Wink, 1985, S. 7). Im Grunde wissen wir ja schon, was ein Bibeltext „uns sagen will", bevor wir ihn überhaupt gehört haben: „Verlorener Sohn – Gott liebt uns, auch wenn wir ihm davonlaufen"; „Barmherziger Samariter – Aufruf zur Nächstenliebe"; „23. Psalm – Gottvertrauen auch in der Not" usw., usw.

Es ist ja auch kaum einzusehen, warum wir uns um ein genaues, vielleicht sogar kritisch-unterscheidendes Hören auf das Wort bemühen sollen; denn die Lehre fordert, daß wir der „Autorität des Wortes Gottes gehorchen" sollen – da ist, so scheint es, eher Passivität gefragt als Aktivität, eher Konsum als eigene Tätigkeit.

Wir legen das Gehörte oder Gelesene nur noch in die fertigen Schubladen unseres geordneten religiösen Wissens ab: Neutralisierung der Botschaft durch Einordnung.

Dieser Trend verstärkt sich nun noch durch die Beobachtung, daß die Begegnung mit dem Bibelwort meist in spezifischen *Situationen* stattfindet: Der Gottsdienst – die tägliche Bibellesung – der

Religionsunterricht. Insbesondere die Perikopenordnung der Gottesdienste zeigt ja einen Kreislauf: Immer die gleichen Abschnitte des Alten und Neuen Testaments ziehen in einem gewissen Turnus an uns vorüber – „die ewige Wiederkehr des gleichen" löst nicht gerade atemberaubende Spannung aus.

Vermutlich sorgt dieses situative Umfeld auch dafür, daß wir die Botschaft der Texte nur noch in einer ganz erheblichen Engführung wahrnehmen: Im Gottesdienst sind sie ein Teil der Liturgie bzw. des Predigtdienstes, im Religionsunterricht erscheinen sie als „Stoff", in der Bibellesung als Element der geordneten christlichen Lebensgestaltung. Damit sind die Texte hantierbar gemacht, in gewohnte, vorhersehbare Wahrnehmungsmuster eingepaßt.

Womöglich würde es uns Gewohnheits-Bibel-Lesern ebenso ergehen wie dem wackeren Mann, dem der Pfarrer bei einem Krankenbesuch, um ihn aufzuheitern, ein Wilhelm-Busch-Album mitbrachte. Nach einiger Zeit kam der Pfarrer wieder vorbei und fragte, wie dem Patienten denn das Buch gefallen habe. „Soweit ganz gut, Herr Pfarrer. Wenn ich nicht gewußt hätte, daß der Herr Pfarrer mir Gottes Wort gebracht hat, hätte ich sogar manchmal ziemlich lachen müssen!" So kann einem das Lachen vergehen, wenn man sich von der Situation vorgeben läßt, was man wahrzunehmen hat – und Hören und Sehen ist dem Mann augenscheinlich abhanden gekommen; denn er hat das unbefangene, neugierige Lesen durch feierlich-ergriffene Blindheit ersetzt. Natürlich ist die Geschichte übertrieben – wie jede gute Pointe es erfordert – aber sie lehrt doch ganz gut, daß die festgefahrenen Begegnungssituationen unsere Wahrnehmung ganz erheblich in Mitleidenschaft ziehen. Ruhigstellung des Textes und des Lesers ist die Folge.

4. Der revolutionäre Gehalt der Botschaft ist verschüttet

Einen Schritt weiter noch geht Kurtmartin Magiera. In einer Paraphrase, in der er die bekannte Bildrede vom Großen Weltgericht (Mt 25,31–46) in den Elendsvierteln Lateinamerikas ansie-

delt, schildert Christus sein Schicksal in „den geringsten Brüdern
und Schwestern":

1.5

„ich hatte hunger
ihr habt das fotografiert
. . . . ich war krank
ihr machtet es euch gemütlich
. . . .
ich habe das kreuz angenommen
ihr stellt es auf
. . . .
mein gott
und ihr habt das vergoldet
in bronze gegossen
versilbert künstlerisch wertvoll
anschaulich gemacht
erträglich
für's wohnzimmer

ich
ans kreuz geschlagen
du
ihr alle
schlagt das kreuz."

Magiera 1975, S. 66ff; vollständig abgedruckt in Band 3, Nr. 20

Damit sind die entscheidenden Stichworte gefallen: Christus und
sein Wort zurechtgemacht, „erträglich für's Wohnzimmer", will
sagen: Als Dekoration einer bürgerlich-behaglichen Existenz,
die wohl die religiöse Übung nicht vergißt („Ihr alle schlagt das
Kreuz"), die sich aber im übrigen nicht im geringsten aus ihrer
Ruhe aufschrecken läßt. Jetzt geht es nicht mehr allein um
Abstumpfung durch Gewöhnung; Magiera erhebt darüber hinaus
den Vorwurf, daß ein alltagsloses, folgenloses, bloß rituelles
Wiederholen der Worte des Herrn seine Botschaft verfälscht.
Das sind kräftige Töne – aber keineswegs neue! Schon vor 50
Jahren setzten die beiden großen jüdischen Gelehrten Martin

Buber und Franz Rosenzweig in ihren theoretischen und praktischen Arbeiten zur neuen „Verdeutschung" der hebräischen Bibel alles daran – nach einer Formulierung von Alex Stock –, „die Bibel dem Sprachbesitz des deutschen Bürgertums wieder zu entreißen, um sie als Stimme und Botschaft von draußen wieder hörbar zu machen" (Stock, 1974, S. 124). Und Walter Jens fordert kategorisch: „Ich glaube, daß es heute mehr denn je darauf ankommt, den revolutionären Gehalt dessen, was sich christliche Botschaft nennt, durch eine radikale Umakzentuierung bisheriger Übersetzungsmuster sichtbar zu machen und damit das dem Evangelium aufgesetzte konservative Verständnis zu denunzieren." (W. Jens, Fragen an einen Bibelübersetzter; in: DIE ZEIT Nr. 13/1972, S. 13. – Das Zitat teilt A. Stock, 1974, S. 125 mit.)

„Bürgerlich oder konservativ" meint in diesem Zusammenhang einen Umgang mit der Bibel, der sie stets in gewohnte Denkschemata einordnet, sie abgegrenzten religiösen Bereichen zuweist, sie damit neutralisiert und ihren „revolutionären Gehalt" verdirbt, die lebensverändernde Kraft ihrer Botschaft beseitigt.

5. Was ist zu tun?

Wir versuchten, herauszufinden, warum die Bibel so viel von ihrer ursprünglichen Lebenskraft und Bedeutung eingebüßt hat.

Wir beobachteten Anzeichen eines allgemeinen Sprachverfalls, der der Aufnahme des Bibelwortes nicht eben günstig ist. Wir registrierten, daß die kirchliche Verkündigung die biblische Überlieferung oft ohne konkreten Lebensbezug vermittelt. – Wir fragten auch, ob ein ständiges Angebot der immer gleichen biblischen Texte nicht einen fatalen Gewöhnungseffekt auslöst, der ihren Charakter als „Gute Nachricht" verschwinden läßt und obendrein zu vorschneller Einordnung in vertraute Wahrnehmungsmuster verleitet. Schließlich sahen wir uns mit der kritischen These konfrontiert, daß eine „konservative" Aneignung die biblische Botschaft ihrer Kraft beraubt und sie zum Dekor einer „bürgerlichen Religion" verkommen läßt.

Kein sehr erfreuliches Bild also.

Was können wir tun? Welche Auswege sind erkennbar?

Zunächst einmal wäre durchaus denkbar, dem Bibelgebrauch eine Fastenkur zu verordnen: Wer sagt denn, daß eine Rücknahme des Bibelangebots in Kirche und Schule nicht einen neuen Hunger nach dem „Manna von gestern" aufkommen ließe? Aber auch eine ganz andere Schlußfolgerung ist zur hören: Es zeige sich eben, daß Gottes Wort nichts für die breite Masse der Gleichgültigen, Fernstehenden und „Randsiedler" sei; man solle sich in der Verkündigung auf den kleinen Kreis der Treuen konzentrieren, der bereit sei, sich um das Verständnis des Wortes zu bemühen.

Da aber die beiden Vorschläge ziemlich resignativ sind und die Bibel wahrscheinlich noch weiter aus dem Leben verdrängen, sollten wir nach neuen Ideen suchen, ihre Vitalität wieder zu entdecken und ihr den Weg freizumachen.

Dafür gibt es durchaus schon interessante Neuansätze: Einmal die erfahrungsbezogene Bibelarbeit in Gruppen, wie sie in vielen Gemeinden in Gang kommt, auch gelegentlich als „interaktionale Bibelarbeit" bezeichnet. (Literaturhinweise: H. Barth,/T. Schramm, 1977. – W. Wink, 1982. – Th. Vogt, 1985.)

Und dann die neue Lebendigkeit und Unbefangenheit, mit der vor allem Christen in Lateinamerika die Bibel als Buch ihrer Befreiung lesen; dieser Zugang wird als „Relectura", als „Neulesen" der Schrift bezeichnet. (Näheres dazu s. u. S. 81 ff.)

Als dritter Weg bietet sich die Verfremdung biblischer Texte an. Ihn wollen wir nun genauer vorstellen; dabei werden die gruppenbezogene Bibelarbeit und die lateinamerikanische Relectura gelegentlich mit einbezogen.

Der fremde Blick

Alle Theologen, die sich mit der Verfremdung biblischer Texte beschäftigen, berufen sich auf die schon klassisch gewordenen Theorien von Bertolt Brecht, die wir in aller Kürze skizzieren wollen.

1. Verfremdung als Wahrheitsfindung: Bertolt Brecht

Die wichtigsten Aussagen Brechts zum Thema finden sich in den „Schriften zum Theater" (zitiert wird durchweg nach der Werkausgabe edition suhrkamp, Band 15–17. Frankfurt [WA] 1967). Brecht hat seine Ideen nicht im Blick auf die Aktualisierung überlieferter Texte entwickelt, sondern im Interesse einer Revision der herrschenden Theaterkonzeption. Wir müssen sie für die Aufgabe der Bibelverfremdung entsprechend adaptieren.
Brechts Grundthese lautet: Erkenntnis der Wahrheit ist nur durch kritisches Denken möglich.
Dem aber steht das „bürgerliche Theater" entgegen, weil es illusionistisch vorgeht und die Bedürfnisse des Publikums nach dem Konsum vager Gefühle erfüllt, die das Denken einschläfern und die Fähigkeit zur Veränderung lähmen. Es ist entscheidend wichtig, daß „das Publikum ja nicht eingeladen werde, sich in die Fabel wie in einen Fluß zu werfen, um sich hierhin und dorthin unbestimmt treiben zu lassen . . . Die Geschehnisse dürfen sich nicht unmerklich folgen, sondern man muß mit dem Urteil dazwischen kommen können" (Kleines Organon für das Theater. WA 16, S. 294).
Das kritische Denken, die eigene Stellungnahme dürfen sich nicht einlullen lassen, sondern müssen „dazwischen kommen". Zu diesem Zweck formuliert Brecht den V-(Verfremdungs-)Effekt: „Der V-Effekt besteht darin, daß das Ding, das zum Verständnis gebracht, auf welches das Augenmerk gerichtet werden soll, aus einem gewöhnlichen, bekannten, unmittelbar vorliegenden Ding zu einem besonderen, auffälligen, unerwarte-

ten Ding gemacht wird. Das Selbstverständliche wird in gewisser Weise unverständlich gemacht, das geschieht aber nur, um es dann um so verständlicher zu machen. Damit aus dem Bekannten etwas Erkanntes werden kann, muß es aus seiner Unauffälligkeit herauskommen; es muß mit der Gewohnheit gebrochen werden, das betreffende Ding bedürfe keiner Erläuterung. Es wird, wie tausendfach, bescheiden, populär es sein mag, nunmehr zu etwas Ungewöhnlichem gestempelt" (Schriften zum Theater, WA 15, S. 355).

Wir sehen: Beim V-Effekt geht es Brecht nicht darum, mit einem methodischen Trick den Zuschauer zu etwas gespannterer Aufmerksamkeit zu bewegen, der Anspruch geht weiter: Das Publikum soll zum produktiven Zweifel am fraglos Gültigen stimuliert werden:

„Damit all dies viele Gegebene ihm als ebensoviel Zweifelhaftes erscheinen könnte, müßte er jenen fremden Blick entwickeln, mit dem der große Galilei einen ins Pendeln gekommenen Kronleuchter betrachtete. Den verwunderten diese Schwingungen, als hätte er sie so nicht erwartet und verstünde es nicht von ihnen, wodurch er dann auf die Gesetzmäßigkeiten kam. Diesen Blick, so schwierig wie produktiv, muß das Theater mit seinen Abbildungen des menschlichen Zusammenlebens provozieren. Es muß sein Publikum wundern machen, und dies geschieht mittels einer Technik der Verfremdungen des Vertrauten" (WA 16, S. 681 f).

Damit ist nun auch die Stoßrichtung der Theorie erkennbar: Indem das allzu Vertraute, immer schon Feststehende durch das kritische „Dazwischenkommen" in Bewegung gerät, greift der Prozeß der Veränderung weit über Ästhetik und kognitives Erkennen hinaus: „Echte, tiefgreifende Verwendung der Verfremdungseffekte setzt voraus, daß die Gesellschaft ihren Zustand als historisch und verbesserbar betrachtet. Die echten V-Effekte haben kämpferischen Charakter" (WA 16, S. 706). Was am verfremdet gezeigten Gegenstand befremdet, was scheinbar an der Darstellung nicht in Ordnung ist, soll den Zuschauer für die „Unordnung" der Gesellschaft sensibilisieren und ihn zum

Kampf gegen Mißbrauch mobilisieren. Grabner-Haider formuliert dies Interesse einmal so: „Was als Publikum kam, soll als ‚Täter' das Theater verlassen" (Grabner-Haider, 1972, S. 143).

Die beste Zusammenfassung seiner V-Theorie gibt Brecht vielleicht im Epilog zu seinem etwa 1930 entstandenen Lehrstück „Die Ausnahme und die Regel":

„Wir bitten euch aber:
Was nicht fremd ist, findet befremdlich!
Was gewöhnlich ist, findet unerklärlich!
Was da üblich ist, das soll euch erstaunen.
Was die Regel ist, das erkennt als Mißbrauch
Und wo ihr den Mißbrauch erkannt habt
Da schafft Abhilfe!"

Stücke 2. WA 2, S. 822

2. Brecht und die Folgen

Jeder kennt die Anekdote, Brecht habe, nach seiner Lieblingslektüre gefragt, geantwortet: „Sie werden lachen – die Bibel." Das darf nicht darüber hinwegtäuschen, daß der große Theoretiker der Verfremdung sich als dezidierter Atheist verstanden hat und nicht im Traum daran dachte, seine Ideen etwa für eine Belebung des Bibellesens fruchtbar zu machen. Wir werden sie also kaum unbesehen übernehmen dürfen, sondern ihre Bedeutung für unser hermeneutisches Interesse reflektieren müssen. Zuvor wollen wir uns kurz vergegenwärtigen, wie die Verfremdungs-Theorie von Bertolt Brecht in der Theologie rezipiert wurde.

Die erste gründliche Auseinandersetzung im Blick auf die kirchliche Verkündigung legte Hans-Dieter *Bastian* vor über 20 Jahren vor (Bastian, 1965, vor allem S. 14ff). Auf diese Arbeit stützen sich – ausgesprochen oder unausgesprochen – alle weiteren Untersuchungen zur Verfremdung im theologischen Bereich (auch unsere Untersuchung greift auf diese Studie zurück). Bastian nimmt Brechts Thesen mit großer Zustimmung auf und bemüht sich, ihre Dynamik auf die nach seiner Darstellung erlahmte Verkündigungsarbeit in der Kirche zu lenken.

Als nächste Arbeit ist „Jesus N" von Anton *Grabner-Haider* zu nennen (Grabner-Haider, 1972, vor allem S. 139–182). Das Buch geht auf eine Einladung an Schriftsteller zurück, im Modell der Verfremdung mit biblischen Texten zu arbeiten. In einem ausführlichen Essay reflektiert Grabner-Haider die Bedeutung des V-Effekts unter hermeneutischen und sprachwissenschaftlichen Gesichtspunkten, lehnt aber ausdrücklich Brechts politisch-analytische Vorentscheidungen ab, da sie seiner Meinung nach „Fanatismus" nach sich ziehen.

Ausführlich mit der Verfremdung biblischer Texte im Blick auf Analyse, aber auch auf eigene Produktionen, hat sich Alex *Stock* beschäftigt (Stock, 1974, vor allem S. 68 ff und 117 ff); er bezieht Methoden der Kreativitätsforschung mit ein und leitet durch die ausführliche Besprechung der Beispiele zu eigenen Versuchen an (vgl. auch Stock, 1978, besonders S. 81 ff).

Einen ganz eigenen Weg der Verfremdungstheorie hat Klaus *Meyer zu Uptrup* gesucht (Meyer zu Uptrup, 1967 und 1977). Er stützt sich vor allem auf kybernetische Denkmodelle, die er theologisch reflektiert und vertieft.

Auch die praktischen Versuche der Bibelverfremdung haben in den letzten Jahren kräftig zugenommen. Sie begannen Ende der sechziger Jahre im Zusammenhang mit der Gottesdienst-Reform (z. B. Schnath, 1967); einige Autoren wie Wilhelm Willms, Lothar Zenetti oder Manfred Fischer haben sich stark auf diese Aufgabe konzentriert (vgl. die Literatur-Hinweise am Schluß dieses Bandes).

3. Was geschieht beim Umgang mit verfremdeten Bibeltexten?

„Selig sind die Reichen..." (Text 1.1) – was geschieht, wenn wir mit einem solchen Text konfrontiert werden? Grundlage einer Auseinandersetzung ist natürlich, daß wir ihn als Bibelverfremdung erkennen – sei es durch die Zusammenstellung mit der Vorlage, durch eine Kennzeichnung oder einfach dadurch, daß es sich um sehr bekannte Bibelabschnitte handelt, die bearbeitet wurden (wie es sicher bei den Seligpreisungen der Fall sein dürfte). Ist der Text in seiner Funktion identifiziert, wird die erste

Reaktion vermutlich Staunen, Verunsicherung, Neugier sein . . .
Anreiz genug zum Weiterlesen. Tatsächlich werden ja diese
Verhaltensweisen in der Motivationspsychologie ganz bewußt
als „Lernanreize" herbeigeführt (vgl. z. B. Berg, 1977, S. 47 ff);
auch bei der Konfrontation mit Bibelverfremdungen wirken sie
sich positiv aus: Niemand wird wohl einen solchen Text gelang-
weilt aus der Hand legen.

Damit ist schon ein ganz entscheidendes Element der V-Theorie
erfüllt: Der Leser oder Hörer kann, ja muß „mit dem Urteil
dazwischen kommen".

Auch Ärger und Kritik werden sich oftmals einstellen: „Kann
man denn so mit einem Bibeltext umspringen?" – „Was haben die
Seligpreisungen mit Auschwitz, Afghanistan und Hiroshima zu
tun? Handelt es sich nicht wieder um eine Politisierung des
Evangeliums?" (Text 1.2) – „Wird nicht das ganze seligma-
chende Handeln Gottes in Psychologie aufgelöst?" (Text 1.3) –
„Darf man die Worte Jesu ohne weiteres in ein politisches
Kampflied ummünzen?" (Text 1.4) Der Leser kommt mit dem
Verfremdungstext ins (Streit-)Gespräch. Dabei wird er ihn hoffentlich nicht verunsichert oder verärgert aus der Hand legen,
sondern anfangen, den Bibeltext selbst zu lesen, und sei es nur,
um der Paraphrase zu beweisen, daß sie irrt oder verfälscht. Er
könnte dabei interessante Beobachtungen am Wortlaut der Seligpreisungen in der Bergpredigt (oder in der „Feldrede" Lk
6,20–26) machen und Fragen stellen – gerade im Vergleich mit
den Verfremdungen: Wer sind eigentlich die „geistlich Armen"?
Sind es Menschen, „die an sich selbst verzweifeln" (Text 1.2)
oder solche, die sich vor Gott demütigen? Und: Kann man die
Bestimmung „geistlich" einfach übergehen, wie es die Texte 1.1,
1.2 und 1.4 tun, ohne daß die Substanz des Jesus-Worts verloren-
geht? – Oder: Was bedeuten die Passiv-Formulierungen in der
Bergpredigt (. . . „sie sollen gesättigt werden")? Vertreten nicht
die meisten Ausleger zu Recht die Auffassung, daß Gott als
Urheber der Sättigung zu denken sei? Wie verhält es sich dann
mit den Aussagen der Texte 1.2 und 1.4, die eher an menschli-
ches Eintreten für die Gerechtigkeit denken?

Der Leser wird auch nach der Absicht, der Stoßrichtung fragen: Ist denn tatsächlich der Zustand unserer Welt so, daß die in den Seligpreisungen angezeigte Gottesherrschaft völlig durchkreuzt wird, daß viele wohl die Worte Jesu als Illusion und gutgemeinte „Worte zum Sonntag" verstehen, die mit der Realität nichts zu tun haben (Text 1.1)? – Haben wir den Auftrag, daran mitzuarbeiten, daß Gottes Herrschaft bei uns Raum gewinnt? – Soll sich dieses Gottesreich auch in den konkreten politischen und wirtschaftlichen Zuständen unserer Welt durchsetzen? Oder geht es nur um die Bekehrung des einzelnen zur Gottesherrschaft?

Bei der Auseinandersetzung mit diesen Fragen wird der Hörer oder Leser schließlich auch sich selbst befragen: Wo ist mein eigener Standort? – Habe ich bisher die Worte Jesu richtig verstanden? – Erreicht mich aus dieser Verfremdung, die mich ärgert, vielleicht ganz neu die Einladung Jesu zur Mitarbeit an der kommenden Gottesherrschaft? – Wo ist mein Platz in diesem Geschehen?

Sollte der Leser sich bis an diese Grenze in die Auseinandersetzung mit Bibelverfremdungen eingelassen haben, wäre diese an ihr Ziel gekommen: Sie will zunächst Staunen und Neugier erwecken und damit die weitergehende Beschäftigung anregen. Sie will zur eigenen Rückfrage an die biblische Überlieferung provozieren, und sie will schließlich zur Überprüfung der eigenen Position und zur Übernahme von Verantwortung stimulieren. Es zeigt sich, daß eigentlich alle Elemente der V-Theorie von Bertolt Brecht sich als *Methode* sehr gut auf die Verfremdung biblischer Überlieferung anwenden lassen: Die produktive Störung der gewohnten Wahrnehmung („der fremde Blick") – die aktive Auseinandersetzung mit den dargestellten Inhalten (das „Dazwischenkommen") – die Analyse der (persönlichen und) gesellschaftlichen Verhältnisse:

„Was die Regel ist, das erkennt als Mißbrauch" –

das könnten wir als These aus Text 1.1 ablesen,

„. . . und wo ihr Mißbrauch erkannt habt
Da schafft Abhilfe!"

dies ist die Stoßrichtung der meisten Bibelverfremdungen.

In Abwandlung der oben notierten Bemerkung von Grabner-Haider zur Verwandlung des Theaterpublikums in „Täter" könnten wir jetzt formulieren: Wer als Bibelleser anfing, der darauf vorbereitet war, die bereits bekannten Wahrheiten ein weiteres Mal zu hören, könnte jetzt ein „Täter des Wortes" (Jak 1,32) geworden sein, bereit zur Übernahme von Verantwortung dafür, „daß die Seligkeit beginnen" kann (Text 1.2).

Nicht alle Verfremdungen müssen nach dem gleichen Schema gebaut sein und nicht alle Auseinandersetzungen müssen die gleichen Schritte gehen, aber die Grundelemente lassen sich doch recht gut in Korrespondenz mit den Ideen Brechts verstehen. Natürlich kann niemand erwarten, daß sich diese Veränderungen im Umgang mit der Bibel gleich beim ersten Studium von Verfremdungstexten einstellen. Aber ein kleiner Widerhaken im Bewußtsein wird sich – hoffentlich – schon bald festsetzen, so daß wir die Bibel nicht mehr ganz so selbstverständlich lesen; man kann erwarten, daß sich der allzu geringe Abstand allmählich vergrößert, so daß wir möglichst bald aus dem passiven Konsum herauskommen und wieder anfangen zu staunen. „Staunen befriedigt, befreit, läßt Gegenwart erfahren", notiert Paul Konrad Kurz in seinen Hinweisen zum Verständnis moderner Lyrik, „Staunen ist das Gegenteil von Langeweile, Leere, ‚déjà vu', Überdruß" (Kurz, 1984, b. S. 9).

Vielleicht könnte die Bibelverfremdung sogar auf dem Lehrplan einer neuen Bildungseinrichtung auftauchen, die der Kabarettist Hanns Dieter Hüsch sich für „eine kleine Republik" erträumt, in der es menschlicher zugeht:

„Wir haben sogar eine Staun-Schule
In der Kinder
Erwachsenen
Wieder das Staunen
Beibringen."

Hüsch, 1985, S. 136

Jetzt sind wir soweit, daß wir eine Definition von Verfremdung versuchen können:
Nicht jede Neuformulierung oder Nachdichtung eines biblischen Textes ist eine Verfremdung, sondern eine Bearbeitung, die mit sprachlichen Mitteln die Neutralisierung der Bibel durch Gewöhnung und einseitiges Verstehen aufheben will, den Leser/Hörer zu einer aktiven Auseinandersetzung motivieren und zu produktiver Veränderung stimulieren will.

Fragen und Probleme

1. Reaktionen

Häufig kommt es bei der Konfrontation mit Bibelverfremdungen zu heftigen Abwehrreaktionen; in der oben aufgeschriebenen kleinen Sprechfolge, die eine solche Situation in Szene setzte, kamen ja einige Stichworte zutage:

- „Verfremdung verfälscht den Bibeltext";
- „Verfremdung verhöhnt den Bibeltext";
- „Verfremdung ist moderner Firlefanz".

Auch die Drohung mit dem Eingreifen der Administration gehört zu den typischen Reaktionen: der Kirchengemeinderat, die höhere Hierarchie oder sogar der Staatsanwalt kommen ins Spiel. Doch davon später mehr!
Vermutlich treibt die Angst zu solchen Verhaltensweisen: Angst, die „Heilige Schrift" zu verletzen – manchen evangelischen Christen ist ja sogar die Luther-Übersetzung so unantastbar, daß sie schon spöttisch zur „Bauchrednerpuppe des deutschen Protestantismus" ernannt worden ist (Bastian, 1965, S. 53). Besonders ausgeprägt scheint die Angst vor jeder Neuerung – auch Neophobie genannt – bei der kirchlichen Obrigkeit verwurzelt zu sein. A. Stock notiert: „Freilich hat es dort, wo der Geist von kirchlichen Amtsträgern konfisziert wird, für die ‚novatores' der Name für

Ketzer ist, Kreativität nicht immer leicht ... Kirchlich gesehen ist das Problem der Kreativität auch ein Problem der Angst um den geschlossenen Bestand" (Stock, 1974, S. 71). – Hoffen wir jedenfalls, daß die Neophobie sich nicht noch weiter ausbreitet – oft wird sie wahrscheinlich unterstützt durch ein höchst unchristliches Ruhebedürfnis, um nicht zu sagen: den Kirchenschlaf!

Wahrscheinlich hängen die Vorbehalte gegenüber Neuem mit der Sichtweise zusammen, die die Kirchen von Generation zu Generation vermitteln: „Gottes Wort" sei ewige, unveränderliche Wahrheit, die jeden Menschen in jeder Zeit betrifft. Aber die bisherigen Überlegungen und Beispiele sollten geklärt haben: „Der Text hat seinen ‚Verkündigungsgehalt' nicht tiefgekühlt und unverweslich in sich" (Bastian, 1965, S. 68), sondern er muß in jeder Zeit wieder entdeckt und freigesetzt werden, damit er seine Botschaft neu und unverwechselbar sagen kann – und dafür bietet sich als eine ausgezeichnete Methode die Verfremdung an.

2. Die Bibel selbst verfremdet

Das allerwichtigste Vorbild für die Verfremdung von Bibeltexten ist die Bibel selbst. Sie ist ja gerade nicht als der monolithische Block zeitlos gültiger Wahrheiten zu verstehen, sondern als ein höchst vielschichtiges, lebendiges Geflecht von Zeugnissen, Gebeten, Liedern, Geschichten und Bekenntnissen zu Gott, dem Vater Jesu Christi. Das belegt schon ein Blick auf den biblischen Basistext unserer bisher besprochenen Verfremdungen: Die „Seligpreisungen" sind ja nicht nur in der Bergpredigt in Matthäus 5,3–11 überliefert, sondern auch bei Lukas in einer eigenen Zusammenstellung von Sprüchen Jesu, der „Feldrede" (Lk 6,20–49); seine Fassung der Seligpreisungen steht in den Versen 20–26. Stellen wir einmal die beiden ersten Sprüche gegenüber:

Mt 5,3	Lk 6,20
Selig sind die geistlich Armen	Selig seid ihr Armen
denn ihrer ist das Reich der Himmel	denn euch gehört das Reich Gottes

Es zeigen sich deutliche Unterschiede: Lukas wählt die Form der direkten Zusage an die Armen und verzichtet auf jede Erläuterung; Matthäus formuliert den Spruch als Aussage über die Armen und fügt hinzu „im Geist". Es spricht alles dafür, daß Lukas die ursprünglichen Worte Jesu genauer festgehalten hat; darauf deuten die Kürze, aber auch der Anredecharakter hin: So wird der Herr seine Zuhörer angesprochen haben.

Zweifellos haben wir es hier mit einer Verfremdung innerhalb der Bibel selbst zu tun: Matthäus hat die Worte Jesu für die spezifischen Bedürfnisse seiner Gemeinde verändert. Aus der voraussetzungslosen Zusage des Heils an die Armen ist jetzt eine lehrhafte Aussage geworden: „Arm im Geist" sind wohl die, die alles von Gott erwarten, d. h. bei denen man eine bestimmte Haltung oder sogar Tugend erkennen kann; augenscheinlich wird die Seligpreisung von dieser Haltung abhängig gemacht: Aus dem Heilruf ist eine Art Tugendspiegel geworden. Das erklärt sich aus der veränderten Situation: Die Gemeinde braucht Weisungen, an denen sie sich orientieren kann. (Zu dieser „Ethisierung" der Seligpreisungen bei Matthäus vgl. z. B. Luz, 1981, S. 37–43.) Wir sehen, daß der Evangelist eine deutliche Verfremdung vornimmt – fast könnte man den Vorgang als Umkehrung der Worte Jesu bezeichnen. Aufschlußreich ist vor allem die Freiheit, mit der ein biblischer Schriftsteller mit der Überlieferung umgeht; er gestaltet sie kräftig um, so, wie es in seiner konkreten Situation erforderlich ist.

Diese Freiheit können wir in der ganzen Bibel beobachten. Die alt- und neutestamentliche Forschung hat die Überlieferungsprozesse ja so weit aufgehellt, daß wir manchen Blick in die Werkstatt der biblischen Schriftsteller tun können. Da erkennen wir im Alten Tesament, daß Israel immer wieder seine Geschichte neu geschrieben hat – allein in den fünf Mosebüchern viermal, ganz zu schweigen von der teilweise sehr freien Ausgestaltung der Heilsgeschichte in den Psalmen. (Ein ausgeführtes Beispiel stellt der 3. Baustein in Kapitel IV vor, s. u. S. 107 ff.)

Auch die neutestamentlichen Evangelien sind recht freie Umgestaltungen der ihnen vorliegenden Traditionen. Da war ihnen nichts heilig – jedenfalls nicht in dem Sinn, daß sie die Tradition wie ein Marmordenkmal aufbauten und die Worte andächtig verehrten; für sie waren die Worte der Überlieferung eher wie Steine, die sie ins Wasser warfen, um etwas in Bewegung zu bringen, so wie die Situation es erforderte.

Eine große Souveränität im Umgang mit der Schrift bewies Jesus selbst – bis hin zu den „Antithesen" der Bergpredigt: „Ihr habt gehört, daß zu den Alten gesagt ist . . . ich aber sage euch!"

Auch bei den alttestamentlichen Propheten können wir diese radikale Freiheit beobachten: „Freue dich *nicht,* Israel", hämmert der Prophet Hosea in einer wohl am Laubhüttenfest der versammelten Gemeinde vorgetragenen Rede ein und verfremdet durch das eingefügte „nicht" den traditionellen Jubelruf der Festliturgie ins Gegenteil. Oder: „Nicht-mein-Volk" nennt der gleiche Prophet seinen Sohn (Hos 1,9), eine wandelnde Negation der alten Heilszusage: „Ihr seid mein Volk" (Ex 19,6). Auf Schritt und Tritt begegnen wir bei den vorexilischen Sehern diesem Vorgang: Die alten Heilszusagen werden ins Gegenteil verkehrt.

Hier erscheint nun eine ganz neue Dimension beim Verstehen biblischer Texte. Es genügt offenbar nicht, den Wortlaut des Textes richtig zu analysieren, es muß auch die bei ihrer Entstehung maßgebliche „Sprachsituation" (Grabner-Haider, 1972, S. 153 ff) berücksichtigt werden: Die Sprachsituation zur Zeit der vorexilischen Propheten war offenbar die, daß Israel die guten Worte der Liebe Jahwes zu seinem Volk verdorben hatte zu Leerformeln, hinter denen sich ein schal gewordener Glaube verstecken konnte. In ihrer Situation hatte also die alte Zusage „Ihr sollt mein Volk sein" eine völlig andere Bedeutung als damals am Sinai; Israel war ja in seinem praktischen Leben schon längst nicht mehr Jahwes Volk, sondern ihm zutiefst entfremdet. Auf diese Situation der *Entfremdung* muß der Prophet mit der tiefgreifenden *Verfremdung* der Überlieferung antworten. Die Verfremdung entlarvt die Entfremdung. Erst wenn Israel dies erkennt, gibt es eine Chance, daß es zu Jahwe umkehrt.

Es können also Situationen eintreten, in denen die Treue zur Überlieferung verbietet, sie einfach zu wiederholen, vielmehr gebietet, sie tiefgreifend zu verformen; nur wer den Schmerz der Destruktion aushält, bekommt wieder offene Ohren für Gottes Reden.

Wir stoßen auf die Einsicht, „daß das prophetische Wort ... mehr enthält, mehr in sich birgt, als es nach seinem strengen Selbstverständnis an seinem spezifischen historischen Ort aussagen will" – so Hermann Barth in seiner Untersuchung zur innerbiblischen Wirkungsgeschichte prophetischer Rede am Beispiel des Jesajabuchs (Barth, 1977, S. 307). So zeigen sich auf einmal die biblischen Texte nicht mehr als beschriebene Blätter mit einer glatten Oberfläche, sondern als höchst fein strukturierte, vielfältige Gewebe, in die viele Stränge verwoben sind. Nicht umsonst haben französische Strukturalisten erklärt, der Begriff „Text" sei schließlich mit „Textil" verwandt. Wenn wir uns nicht mit dem Wortlaut eines Textes begnügen, sondern seiner Entstehung ein wenig nachspüren, dann entdecken wir: In einen biblischen Text sind vielfältige Erfahrungen, Ahnungen, Offenbarungen, Hoffnungen, Träume verwoben.

Diese Bewegung ist nicht auf den innerbiblischen Überlieferungsprozeß beschränkt, sondern „drängt über die Zeit hinaus, in der sie abgefaßt und niedergeschrieben wurde. Sie will nicht nur festgestellt, sondern auch weiterbewegt werden in den Horizont unserer Zeit", notiert Manfred Fischer und zieht daraus die Konsequenz: „Es gibt keine tabuisierten Formulierungen, keine zementierte Tradition, sondern einen auf Weitergestaltung, Neugestaltung drängenden Überlieferungsprozeß" (Fischer, 1980, S. 141).

„Gehorsam gegen Gottes Wort" wäre nach diesem Verständnis nicht aufgehoben, aber tiefer aufgefaßt als „mündiger Gehorsam": Denn ein wörtliches Tradieren biblischer Sprache kann – wie es der kanadische Theologe Gregory Baum formulierte – schon Verfälschung in bezug auf ihren ursprünglichen Sinn oder ihre Absicht sein. Pointiert spricht es Grabner-Haider aus: „Ich kann den Text in pietätvoller Weise absterben lassen, aber ich kann ihn in ‚respektloser' Weise zum Leben bringen" (Grabner-Haider, 1972, S. 160; bei G. auch der Hinweis auf Baum).

Vielleicht kann man als eine Art Faustregel bei der Weitergabe biblischer Überlieferung festhalten: Nicht auf den Wortlaut kommt es zuerst an, sondern auf die Wirkung – damals und heute!

Der große jüdische Gelehrte Leo Baeck fand sogar die kühne Formulierung: „So schritt die Bibel selber fort, jede Zeit erwarb ihre eigene Bibel" (Baeck, 1960, S. 18).

An uns ist es jetzt, in dem vielschichtigen „Textil" Bibeltext die Fäden zu entdecken und herauszuziehen, die für unsere Situation wichtig sind und die uns betreffen. Das kann unter Umständen in der Weise geschehen, daß wir gegen die Sprache der Überlieferung sprechen müssen: So entlarvt der Autor von Text 1.1 unsere Lebensverhältnisse als eine Welt, die der Gottesherrschaft total entfremdet ist; dies bringt er durch die radikale Verfremdung der Worte Jesu zur Sprache – jedes bloße Rezitieren der Bergpredigt wäre ihm ein Greuel, weil verlogen! – und er will uns dadurch wieder zum gehorsamen Hören auf das Wort Jesu reizen: „Der freie schöpferische Umgang mit der Bibel macht offen für den Geist der Bibel und seine Dynamik" (Fischer, 1980, S. 141).

Diese Grund-Richtung einer jeden Verfremdung schließt Humor und Witz beim Umgang mit der Bibel durchaus ein – dazu unten mehr! Aber sie schließt leichtsinniges Herumspielen mit dem Wort aus, das nur den modischen Effekt sucht – auch dazu werden wir uns noch Gedanken machen (s. u. S. 46 ff.).

Die bisherigen Überlegungen stellen sich noch einmal in einer etwas anderen Beleuchtung dar, wenn wir die Theorie des „Offenen Kunstwerks" von Umberto Eco heranziehen (Eco, 1985, vor allem S. 7–59).

Eco geht davon aus, daß grundsätzlich jedes Kunstwerk „offen sei": Im Gegensatz zu einem Verkehrszeichen etwa, das nur die Deutung „richtig" oder „falsch" zuläßt, fordert das Kunstwerk eine freie, schöpferische Antwort, „schon deshalb, weil es nicht wirklich verstanden werden kann, wenn der Interpretierende es nicht in einem Akt der Kongenialität mit seinem Urheber neu erfindet" (31). So ist jedes Kunstwerk deutungsoffen; von Offenheit in einem engeren Sinn spricht Eco dort, wo in moderner

Kunst ein Objekt geplant unvollständig hergestellt wird, so daß es erst im jeweiligen Akt der Interpretation „fertig" wird.

Gehen wir mit diesem Verständnis an biblische Texte heran – und sie sind ja Sprachkunstwerke – so können wir beobachten, daß dieser Prozeß der kongenialen Neuschöpfung nicht erst *nach* Fertigstellung des Werks einsetzt, sondern daß im Raum der Bibel sich Gestalten, Geschichten, Motive in einem faszinieren-den Prozeß durch die Geschichte bewegen – sich fortwährend aus neuen Erfahrungen nährend – anderes hinter sich lassend – in ständigem Wandel begriffen. Ein solches wachsendes Motiv ist zum Beispiel das der wunderbaren Speisung. Zuerst wird von Israel berichtet, wie Gott es in der Wüste durch das Manna am Leben erhielt (Ex 16,1–12). Eine neue Facette kommt in der Elia-Erzählung hinzu. Jahwe läßt seinen Propheten nicht im Stich; auch in der ausweglos erscheinenden Lage findet er einen Weg, um ihn für den Dienst zu stärken (2 Kön 19,1–8). – Das Motiv wandert dann ins Neue Testament. Charakteristische Stationen sind: Der Versucher verlangt von Jesus das Demonstrations-Wunder des Brotmachens. Jesus weist ihn ab, indem er die wunderbare Sättigung eindeutig an Gott und sein Wort bindet (Mt 4,2–4). Das Brot-Wunder, das von Jesus selbst erzählt wird, ist dann auch mit der Verkündigung der Frohbotschaft und mit seiner messianischen Sendung verknüpft (Mk 6.30–44 par); und im letzten Mahl mit seinen Jüngern faßt Jesus seine rettende Hingabe „für die vielen" in die Zeichen von Brot und Wein (Mk 14,22–25). Das alles fließt ein in die Feier des Herrenmahls in der Urgemeinde, in dem die Christen die Fülle der Heilsge-schichte als gegenwärtig erfahren (vgl. auch die Hinweise in Kapitel V, S. 121 f.).

Wenn wir nun verfremdend produktiv mit der Überlieferung umgehen, dann tun wir nichts anderes, als daß wir am Tisch der biblischen Erzähler Platz nehmen und uns an ihrem Gespräch beteiligen (vgl. Nitschke, 1982, S. 9). Dabei „werden Texte nicht verbraucht oder aufgezehrt (das wäre Konsumlogik kapita-listischer Produktionsweise), sondern im Gegenteil: Sie werden reicher und machen reicher. Ihre Stärke und ihr Reichtum bestehen darin, daß man mit ihnen nicht fertig wird" (G. M. Martin in: Wink, 1982, S. 10).

3. „In die Mauer Überlieferung eine Bresche . . ."

Verfremdung meint jenen Vorgang, den Detlev Block einmal so beschreibt:

„Das Neue Testament
ursprünglich verstehen
in die Mauer Überlieferung
eine Bresche".
In: Magiera, 1975

Zu Beginn des vorigen Abschnitts hatten wir einige typische Abwehrreaktionen auf Verfremdungen beschrieben, die oft aus Angst entspringen. Sicher hängen die aggressiven Reaktionen aber auch damit zusammen, daß wir uns getroffen fühlen – die Verfremdung entlarvt ja oft die Entfremdung unserer Gottesbeziehung –, die Entstellung des Bibeltextes bringt die Entstellungen unseres Glaubens und Lebens ans Licht. Dies zeigte sich vor allem in der Weise, wie die alttestamentlichen Propheten mit der Überlieferung umgingen (s. o. S. 34f.). Und sie erlebten bereits die gleichen Abwehrreaktionen:

„Seher, geh! Flüchte dich in das Land Juda! Dort kannst du dein Leben fristen. Dort kannst du auch prophetisch verkündigen. Aber in Bethel wirst du nicht noch einmal prophetisch verkündigen. Denn ein Königsheiligtum ist dies, Staatstempel ist dies hier."
Amos 7,12 Übersetzung: H. W. Wolff

Mit diesen Worten will der Oberpriester Amazja die Predigt des Amos verhindern; und dem Propheten Micha halten seine Gegner entgegen:

„,Predige nicht!', predigen sie.
,Über so etwas soll man nicht predigen!'"
Micha 2,6 Übersetzung: H. W. Wolff

Oft ist auch heute eine Verfremdung so heftig, daß sie nicht nur Irritation, sondern Erschütterungen auslöst. Das bekannteste Beispiel ist wohl die Graphik „Christus mit Gasmaske" des

Zeichners G. Grosz aus dem Jahr 1928 (Abbildung und Besprechung in: Berg/Berg, 1981, S. 69 f – Dort weitere Hinweise). Sie trug Grosz einen großen Prozeß wegen „Gotteslästerung" ein. Schließlich wurde er aber freigesprochen: Es war klar, daß nicht Christus der Angegriffene war, sondern die, die in seinem Namen Menschen in Krieg und Tod trieben. Etwa zur gleichen Zeit bemerkt Kurt Tucholsky über die Christen, die den Krieg als heiliges Tun verherrlichen: „Wie sie es machen, daß sie auf allen Seiten dastehen und den lieben Gott mit ihrem Kram behelligen und auf beiden Seiten beten? Das ist Tragik – aber man darf auch spotten. Nicht über IHN, aber über die Menschen." – In der Tradition von Grosz, Tucholsky, aber auch von J. Heartfield arbeitet heute der Graphiker Klaus Staeck, von dem das folgende Beispiel einer Verfremdung stammt.

1.6

Staeck, 1976, S. 39

Staeck kombiniert verbale und visuelle Elemente der Verfremdung eines Bibeltextes: Indem er den „Schöpfungsauftrag" Gen 1,28 mit der appellativen Überschrift „Unternehmer!" versieht, kritisiert er, daß heute gesellschaftliche Gruppen ungerechtfertigt Herrschaft über Erde und Menschen ausüben (und sich dabei womöglich noch auf die Bibel berufen); die gleiche kritische These setzt die Fotomontage ins Bild. Staeck verstärkt seinen Angriff noch, indem er listigerweise in dem aus der alten Luther-Übersetzung zitierten Bibeltext durch Weglassen eines Buchstabens aus dem „kreucht" ein „keucht" macht: Die unter der Bedrückung keuchende Kreatur als Folge des Herrenmenschentums!

Aus neuerer Zeit ist der Skandal um einen Text von Josef Reding bekannt geworden: „Krippenrede für die 70er Jahre" (Text und Dokumentation in: Reding, 1978). Der Text setzt so ein:

„also werd nicht so
wie dieser da
in unklaren familien
verhältnissen
unterwegs geboren
. . ."

Der Text schildert nun aus der Sicht eines bundesdeutschen Karrieremenschen den Weg Jesu; da bleibt am Ende „nichts rühmliches" über „diesen da" zu sagen. (Einige Beispiele solcher Jesus-Verfremdungen werden wir in Band 4 der Reihe bringen).

Die Reaktionen waren größtenteils wütend; einige Beispiele: „Unverschämtheit, ohne jeden Vergleich, Blasphemie . . . eine Ausgeburt des Satans . . .". „Man kann Jesus Christus nicht als ‚Edelgammler' bezeichnen. Immerhin haben wir unsere ganze Kultur auf seine Lehre aufgebaut.". „. . . eine Kombination von überheblicher Selbstüberschätzung und mangelnder Rücksicht . . .". „. . . verstehe ich beim besten Willen nicht, wie Sie solch einen geschmacklosen ordinären Schmutzartikel über Jesus Christus bringen können". „Dieser Artikel schockiert und ist überheblich. Eine symbolische Figur wird vermenschlicht."

Es gab auch zustimmende Äußerungen: „Diese Krippenrede . . . ist empörend . . . und beschämend . . . und heilsam. Danke!"

„Die Krippenrede bringt dem Leser in einem sog. christlichen Land schlagartig zum Bewußtsein, wie weit man selbst davon entfernt ist, ‚diesen da' durch gelebten Glauben zu bejahen. Durch unsere Erfolge in unserer Leistungsgesellshaft würde er manchen Strich machen, wenn wir uns auf ihn einlassen würden."

Was hat den Autor zur Produktion dieses Textes veranlaßt? Er notiert: „Ich erschrak, als ich mir in diesen vorweihnachtlichen Tagen vorstellte, wie Jesus Christus von den meisten dieser Menschen zu Beginn der siebziger Jahre unsres Jahrhunderts beurteilt werden würde . . . Ich dachte bei der Vorstellung dieses tüchtigen Vaters durchaus nicht an einen Atheisten. Eher stellte ich mir einen Bürger vor, der Religionsausübung als disziplinierenden Faktor für das Volk begrüßt. Nach seiner Auffassung vom Christentum paßt nur einer nicht so recht in die Welt: Jesus Christus."

Drastischer noch formuliert Dorothee Sölle:

„jeden tag habe ich angst
daß er umsonst gestorben ist
weil er in unseren kirchen verscharrt ist"

Das, was „Gotteslästerung" genannt wird, ist oft nichts anderes als Ausdruck der wütend-verzweifelten Liebe zu einem Jesus Christus, den wir entstellt und verzerrt haben.

Für manchen ist auch die Begegnung mit dem in der Erziehung vermittelten Gott eine bedrückende, ja zerstörerische Erfahrung. Tilmann Moser wütet in seinem bekannten Buch gegen die „Gottesvergiftung" (Moser, 1976). Er hat in seiner Kindheit und Jugend „Gott" als ein allgegenwärtiges, übermächtiges Wesen erfahren, das ständig auf der Lauer liegt, um ihn beim Ungehorsam zu ertappen, das unentwegt Schuld zuweist und straft. Für ihn ist die Froh-Botschaft zur Droh-Botschaft geworden. Ein solcher Gott macht krank, vergiftet das ganze Leben, weil er die Freiheit nimmt. Von einem solchem Gott, schreibt Moser, muß man sich befreien. Man muß ihn wie einen Tumor aus seinem Leben herausschneiden. Das geht nicht ohne Schmerzen ab, ist aber zur Gesundung unabdingbar.

Für die Produktion von Texten und anderen Kunstwerken, die sich so radikal mit christlichen Gegenständen auseinandersetzen, daß sie der Blasphemie bezichtigt werden, lassen sich nach den geannnten Beispielen drei Motive erkennen:

– Einmal kann es sich um eine Selbstbefreiung von einem als zerstörerisch erfahrenen Gott handeln (Beispiel: Moser);
– es ist auch möglich, daß der Autor (oder bildende Künstler) den Mißbrauch christlicher Inhalte für bestimmte Zwecke anprangern will (Beispiele: Grosz; Staeck);
– schließlich kann das leidenschaftliche Interesse wirksam sein, die Sache des Evangeliums aus Verhärtungen herauszuschlagen, indem man sie „entstellt bis zur Kenntlichkeit" (Staeck); oder anders: um die Verhärteten aus ihren Verhärtungen hervorzurufen; eben das meint ja „pro-vozieren".

Die Frage ist nur, ob das auch gelingt. Ein Leserbrief aus der Dokumentation zu Redings „Krippenrede" gibt zu denken: „Das . . . Gedicht kann ich nicht als ‚provozierende Kritik' anerkennen. Es handelt sich vielmehr um eine ganz häßliche und lästerliche Schrift . . ." Offenbar erkennt der Einsender die Provokation als notwendig an, kann *diese* aber nicht mehr als solche einordnen; er fühlt sich verletzt, wird sich eben gerade nicht „hervorrufen" lassen, sondern sich um so stärker einmauern. Beim Einsatz der Provokation als Medium der Kritik ist also das Kriterium der Dosierung wichtig: Augenscheinlich ist die emotionale Reizschwelle bei „heiligen Sachen" besonders niedrig. Besteht keine Möglichkeit, eine starke Verfremdung mit satirischer Tendenz (Parodie) mit den Hörern oder Lesern zu diskutieren, müßte vielleicht auf sie verzichtet werden.

Jedenfalls wird ein gegenseitiger Lernprozeß von Nutzen sein: Der Verfertiger von Parodien sollte jeweils mit bedenken, in welcher Situation er die gedachte Zielgruppe antrifft und was er erreichen möchte; danach wird er seine Provokation genauer dosieren können. Die Empfänger könnten lernen, bei jeder

Verfremdung, die sie als „starken Tobak" empfinden, vielleicht sogar als „Lästerung" ablehnen, nach den Absichten des Autors zu fragen und sich selbst unvoreingenommen in Frage stellen zu lassen. Auf jeden Fall sollten sie sich mit Drohungen oder Sanktionen gegen die Urheber zurückhalten: Die Obrigkeit ist in solchen Fällen wahrscheinlich nicht der geeignete Sachwalter des Geistes; besser halten wir uns vor Augen, daß „im Modus des Zweifels, der Absage, der Verneinung die biblischen Akten offengehalten werden oder neu geöffnet werden, die endgültig geschlossen schienen" (Eggers, 1980, S. 18). Praktische Hinweise zur Erschließung provokativer Verfremdung bietet Baustein 9 in Kapitel IV.

4. „Hat Jesus auch mal gelacht?"

Diese Frage eines Schülers erscheint nur allzu berechtigt – jedenfalls im Blick auf die Tradition der Kirche. Sie ist wohl mehr durch Ernst, ja sogar Verbissenheit geprägt als durch Heiterkeit. Sehr geistreich hat Umberto Eco in seinem (Kriminal-) Roman „Der Name der Rose" (Eco, 1982) dies in drei geschliffenen Dialogen thematisiert, in denen die beiden Kontrahenten Jorge von Burgos und William von Baskerville die Frage diskutieren, ob Jesus für oder gegen den Humor gewesen sei. Jorge vertritt den strengen Standpunkt: „Unser Herr Jesus Christus bedurfte solcher Narreteien nicht, um uns den rechten Weg zu zeigen. Nichts in seinen Gleichnissen reizt uns zum Lachen . . . Wie Johann Chrysosthomus sagte: ‚Christus hat nie gelacht'." – Aber William hält dagegen: „Da bin ich mir gar nicht so sicher . . . Als er die Pharisäer aufforderte, den ersten Stein zu werfen . . . als er mit Worten spielte und sagte ‚Tu es Petrus' – in all diesen Fällen sprach er meines Erachtens mit Witz, um die Sünder zu verwirren." (Für Interessenten: Die Dispute stehen auf den Seiten 105 ff; 125 f; 167 ff.)

Die kirchliche Tradition und Praxis liegt eher auf der Linie des gestrengen Jorge; das trägt wohl auch dazu bei, daß es in der Kirche, speziell im Gottesdienst, meist recht herb und steif zugeht. Dabei können wir sicher annehmen, daß es bei Jesus und seinen Freunden eher fröhlich herging. Die Dimension des Witzes und des Humors bei Jesus hat unlängst Louis Kretz in seinen diffizilen Untersuchungen freigelegt (Kretz, 1981 und 1983).

Auch bei den Bibelverfremdungen fehlt meist die witzige, heitere Seite der biblischen Überlieferung ganz; sicher, die bittere Satire, die scharfe Ironie als Waffen der Entlarvung sind reichlich vertreten; aber der leichtere Ton des Witzes könnte unsere oft recht verbissenen Dispute über das „Wort Gottes" ein wenig entkrampfen durch ein befreiendes Gelächter. Als ein Beispiel schauen wir uns die Zeichnung von Ivan Steiger zum „Babylonischen Turm" (Gen 11) an.

1.7

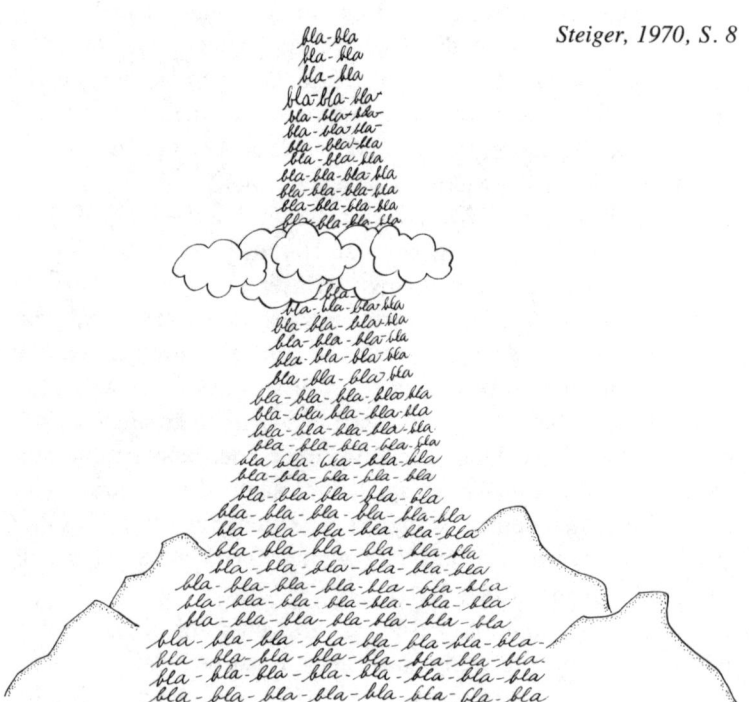

Steiger, 1970, S. 8

Wenn wir unsere eigenen Bemühungen – theologische und weniger theologische – vielleicht auch einmal als Bausteine in dem gigantischen bla-bla-Turm sehen könnten, mit dem wir vor Gott und Menschen „Ehre einlegen" möchten, würden wir möglicherweise mit der Versuchung zur Rechthaberei ein wenig besser umgehen können. – Jedenfalls werden wir uns bemühen, in den Themenbänden, so oft es geht, Beispiele für (verbale und visuelle) Verfremdungen anzubieten, die auch die witzigen Aspekte ansprechen.

5. Verfremdung ohne Grenzen?

Am Schluß dieses Kapitels sollten wir noch über die Grenzen des Verfremdens nachdenken.

Zunächst einmal ist festzuhalten, daß die Verfremdung eine schriftgemäße und wirksame Methode der erfahrungsbezogenen Vergegenwärtigung von Überlieferung ist, aber sicher nicht das Allheilmittel gegen Bibelmüdigkeit und Sprachverfall. Die Verfremdung ist ein Mittel, „das sorgfältig gebraucht, aber nicht leichtsinnig verbraucht werden darf" (Bastian, 1965, S. 64).

Auch ist zu berücksichtigen, daß kein Hörer oder Leser der Bibel einer Dauer-Reflexion ausgesetzt werden sollte, wie sie die Verfremdung ja im Grunde erfordert. Bei aller Warnung vor ritueller Verfestigung beim Umgang mit der Bibel sollten wir davon ausgehen, daß wir *auch* Anlässe brauchen, in denen wir Psalmen beten, Bekenntnisse nachsprechen, ohne sie zu problematisieren. Das wird besonders dann einleuchten, wenn wir schon sensibel gegen mögliche Gewöhnung und Erstarrung geworden sind. – Im Blick auf den Gebrauch der von uns angebotenen Themen-Bände kann man sich ganz gut vorstellen, daß sich der Leser zunächst einmal mit Verfremdungen der Texte beispielsweise zum Weihnachtsfestkreis konfrontieren und danach noch einmal die Bibeltexte im Zusammenhang auf sich wirken läßt.

Weiter: Auch die im vorigen Abschnitt besprochene Dosierung der Provokation setzt der Verfremdungs-Arbeit Grenzen; es muß situativ bedacht sein, welche Verfremdungen im jeweiligen Zusammenhang wirklich geeignet sind, die Partner zu provozieren.

Schließlich sind alle jene Bearbeitungen biblischer Texte auszugrenzen, die nur als methodischer Trick oder modischer Einfall daherkommen. Das soll noch einmal an Beispielen gezeigt werden.

1.8

Schlote, 1980

Der Zeichnung ist als Bibeltext Mt 2,19–21 zugeordnet: Nach dem Tod des Herodes kehren Maria und Josef mit dem Kind aus Ägypten nach Israel zurück. Die „Verfremdung" besteht darin, daß die Personen in Straßenkleidung kostümiert sind, einen Kinderwagen schieben und mit einem Heiligenschein versehen sind. Es zeigt sich, daß in der biblischen Szene lediglich das Mobiliar ausgetauscht wurde – ein (mehr oder) weniger gelungener Gag! Von dieser Qualität gibt es auch im sprachlichen Bereich viele Beispiele: Der „verlorene Sohn" als Playboy und ... und ... und. Doch diese Um-Dekorierung löst keine Betroffenheit aus und setzt keinen Denkanstoß frei.

In einer „unverschämt frommen Neuerzählung des alten Testaments" liest sich die Schöpfungserzählung nach Gen 1 und 2 so, wie der folgende Ausschnitt zeigt:

1.9

Gleich bei Anbruch der nächsten Morgendämmerung ergänzt der GROSSE BOSS seinen Tierbestand mit einer konkurrenzlosen Menagerie: Vom Regenwurm über die Klapperschlange bis zum Krokodil, von der Gonokokke über die Filzlaus bis zum Zirkusfloh, von der Kanalratte über die Wildsau bis zum ausgewachsenen Elefanten – der GROSSE BOSS vergißt rein gar nichts.
Trotzdem ist er noch nicht zufrieden, besonders als er sieht, wie ein Rauhhaardackel sich mit einer Angorakatze balgt. *Da müßte einer sein, der für Ordnung sorgt!* überlegt der GROSSE BOSS laut. Und hat auch schon eine Idee: Er erfindet den Menschen. Er macht ihn nach einer flüchtigen Skizze, so, wie er ihn sich einbildet, ihn, den Mann, und sie, die Frau. Als er die beiden fertig hat, sagt er zu ihnen: *Na denn! Meinen Segen habt ihr...* Er schenkt ihnen all das Gepladder, Geflatter, Geschnatter, das Meckern und Brüllen und den Moby Dick dazu. *Nun pflanzt euch aber auch schön fort!* ermahnt er sie und lächelt diskret. *Macht Geschichte, nicht nur Geschichtchen...*" (Denger, 1984, S. 19 f.)

Es liegt auf der Hand: Der Text setzt sich nicht wirklich mit seinem biblischen Gegenüber auseinander, sondern motzt ihn mit flottem Jargon auf – oder dem, was er dafür hält. Damit aber kann er auch keinen Dialog mit dem Leser provozieren. Eine solche

„Superschaffe" nutzt sich spätestens auf Seite 2 ab – hoffentlich.

Verfremdung hat Grenzen – selbstverständlich. Dennoch ist sie eine starke Möglichkeit, neu mit abgenutzter Überlieferung ins Gespräch zu kommen. Nitschke fragt: „Wo kommen wir hin, wenn wir der Bibel mit unserem Wenn und Aber dazwischenkommen?" Und er findet die Antwort: „Ich behaupte: zur Bibel zurück. Ich behaupte, akkurat auf die Wege, auf die die Bibel uns haben will. Die Bibel muß offen sein, sonst ist sie totes Kapital" (Nitschke, 1982, S. 7).

II FORMEN UND ARBEITSWEISEN DES VERFREMDENS

Drei Schritte des Verstehens. Beispiel: Psalm 23

Wer sich mit Verfremdungen beschäftigt, sieht sich mit einem Bild oder Text konfrontiert, die Aufmerksamkeit erregen und zur Auseinandersetzung provozieren wollen. Um genauer zu klären, was bei dieser Auseinandersetzung geschieht, empfiehlt es sich, den Verstehensprozeß einmal schrittweise methodisch zu rekonstruieren, auch wenn er beim praktischen Umgang mit Verfremdungen sicher oft ganz anders verläuft.

Wir wollen nicht bei der fertigen Verfremdung einsetzen; diese gewinnt ja ihr Profil erst durch die Spannung zu dem Bibeltext, mit dem sie kritisch umgeht. Darum fragen wir in einem *1. Schritt* nach der ursprünglichen Botschaft der biblischen Überlieferung, die der Verfremdung zugrundeliegt: Welches ist ihr Inhalt, welche sprachlichen Mittel wendet sie an, welche Ziele verfolgt sie?

Sodann ist zu prüfen, welche Barrieren, Mißverständnisse, Einseitigkeiten, Gewohnheiten sich heute zwischen uns und den Bibeltext geschoben haben. Können wir seine Botschaft noch aufnehmen? Dies ist die Aufgabenstellung eines *2. Schritts*.

Schließlich untersuchen wir, mit welchen Absichten und Methoden sich heute Schriftsteller und Künstler verfremdend mit diesem Text auseinandersetzen *(3. Schritt)*.

Den methodischen Dreischritt stellen wir nun im einzelnen am Beispiel des 23. Psalms dar; wir beschränken uns auf den 1. Teil (V 1–4).

1. Schritt: Die Botschaft des Bibeltextes

Selbstverständlich können wir in diesem Rahmen keine ausgeführte Exegese entwickeln; wir müssen uns darauf beschränken, einige wichtige Informationen zum biblischen Befund zusammenzustellen (vgl. Kraus, 1960; Weiser, 1963).

Ein Psalm Davids.
Der Herr ist mein Hirte,
mir wird nichts mangeln.
Auf grünen Auen läßt er mich lagern,
zur Ruhstatt am Wasser führt er mich.
Er stillt mein Verlangen;
er leitet mich auf rechtem Pfade
um seines Namens willen.
Und ob ich schon wanderte im finstern Tal,
ich fürchte kein Unglück;
denn du bist bei mir,
dein Stecken und Stab, der tröstet mich.

a) Inhalt

Der Beter des Psalms stützt sich auf ein starkes Vertrauen gegenüber Jahwe. Er bringt dies im Bild des Hirten zum Ausdruck (im 2. Teil des Psalms, den wir aussparen, wählt er dann das Bild des freundlichen Gastgebers): Der Hirt ist im Alten Testament (wie im ganzen Alten Orient) das geläufige Bild für den fürsorglichen Herrscher über sein Volk; auch Jahwes Königtum faßt das Alte Testament in dies Bild; ganz selten allerdings wird es für die Vertrauensäußerung eines einzelnen in Anspruch genommen.

Die Entfaltung des Bildes spiegelt die Erfahrungen des Psalmisten: Der Hirt leitet seine Herde zu den saftigen Weideplätzen, wo sie sich von den Strapazen erholen kann. Und den richtigen Weg weiß er für die Schafe; „Weg" meint im biblischen Zusammenhang auch immer den richtigen Lebensweg, die gute hilfreiche Orientierung durch Gottes Gebot. Diese Leitung steht im Zusammenhang des „Namens"; der Name Gottes ist nicht beliebig, sondern bezieht sich auf die offenbarte Zusage: „Ich bin für euch da" (vgl. Ex 3,14).

Daß Ps 23 nicht die Schäfer-Idylle meint, wie sie eine schlechte Auslegungstradition immer wieder gezeichnet hat, belegt Vers 4: Der Weg der Herde führt auch durch „das Tal des Todesschattens", der Beter sieht sich von Gefahren und Feinden (V 5!) bedroht; aber er ist gewiß, daß Jahwes Macht ihn beschützt. Angesichts der Bedrohung verstärkt sich sogar noch die Vertrauensäußerung: Vom beschreibenden „er" geht der Beter zur direkten Anrede über.

Psalm 23 gehört zu den am meisten verbreiteten Bibeltexten, vor allem wohl wegen der ausdrucksstarken Bilder, die das unbedingte Vertrauen zur Sprache bringen; es stützt sich auf Erfahrung und reicht in die Zukunft (V 1).

b) Form

Bei jeder Interpretation eines Bibeltextes ist zu beachten, daß diese Literatur sich fester, geprägter Formen bedient: eine Sage hat ein bestimmtes Sprachrepertoire, ein Klagelied eine unverwechselbare Form, eine Wundererzählung ist nach feststehenden formalen und sprachlichen Regeln aufgebaut usw. Diese Formen werden in der Bibelwissenschaft „Gattungen" genannt, um ihre Erforschung bemüht sich die formgeschichtliche Arbeit. Die Kenntnis dieser Formen ist auch für die Verfremdungs-Arbeit höchst bedeutsam.

Beim 23. Psalm handelt es sich um die Gattung „Vertrauenslied des einzelnen"; sie hat zwar kein so fest geprägtes Repertoire wie andere Textsorten, aber es lassen sich doch einige charakteristische Merkmale nennen: Oft setzen sie mit einer vertrauensvollen Zuwendung zu Jahwe ein, meist in Anrede-Form; auch Elemente des Bekenntnisses sind typisch. Die meisten Lieder dieser Gattung sind stark geprägt von Bildern des Vertrauens: Darüber bringt der Beter Freude zum Ausdruck und unterstreicht, daß er beständig in Jahwes Nähe bleiben will.

Unabhängig von der Ausformung im einzelnen weist die geprägte Form darauf hin, daß Psalm 23 – wie eigentlich alle Psalmen – seinen „Sitz im Leben" im Gottesdienst Israels hat. Die Vertrauenslieder sind nicht so sehr Ausdruck der persönlichen Gottesbeziehung, die sich im „stillen Kämmerlein" ausspricht, sondern haben Gemeindebezug und Bekenntnischarakter (dagegen spricht auch nicht die singularische Fassung des Psalms; gerade das Bild des Hirten weist auf den Gemeinschaftsbezug hin: Der einzelne findet sich in der Herde, die als ganze von Jahwe geleitet und beschützt wird).

c) Ziel

Welche Botschaft hatte nun der 23. Psalm im Leben Israels – welches war seine Funktion?

Wir können sie unter vier Aspekten beschreiben:
- Der Psalm bot dem, der sein vertrauensvolles Verhältnis zu Gott bekunden wollte, einen Vorrat an Bildern und geprägten Sprachmustern an;
- dem Beter war die Möglichkeit gegeben, sich mit seiner Lebensgeschichte, auch mit seinen Fragen und Zweifeln in die geschichtlichen Grunderfahrungen Israels einzuordnen und darin einen Grund auch für sein persönliches Vertrauen zu finden;
- der Beter hatte Gelegenheit, in der Gemeinde sein Bekenntnis abzulegen; das bedeutete für ihn nicht nur einen Akt der Selbstvergewisserung, sondern er konnte sich auch der Unterstützung durch die Gemeinde versichern; denn die Bekenntnisgemeinde war nicht nur Zuhörer, sondern zugleich auch Solidargemeinschaft (jedenfalls in den Teilen, aus denen die Beter solcher Psalmen kamen);
- sicher stellte ein solches Vertrauenslied, im öffentlichen Gottesdienst gesungen, auch immer wieder die Gemeinde vor die Frage nach ihrem eigenen Glauben.

So verwandelt die historische Analyse den „fertigen" Text des 23. Psalms wieder zurück in den Prozeß der Entstehung und lebendigen Überlieferungspraxis in der Gemeinde.

2. Schritt: Unsere Situation heute

Wie hören wir nun heute den 23. Psalm? Zunächst einmal ist sein großer Bekanntheitsgrad zu bedenken: Unzählige Male haben wir ihn gehört oder gelesen – sicher auch diejenigen, die dem kirchlichen Leben ferner stehen.

Dazu kommt, daß das Bild des Hirten, der seine Schafe über die grünen Auen führt, wohl weitgehend auf der Gefühlsebene sentimentalisiert und auf der ästhetischen Ebene verkitscht ist; von der Geborgenheit im Schutz der kraftvollen Hirten- und Königsgestalt ist allenfalls der sanfte Schäfer übriggeblieben. Das aber hat zur Folge, daß auch die Rolle der Herde abgewertet ist: aus dem Schaf ist das Schäfchen geworden – wer kann und mag sich mit einem solchen Bild identifizieren?

Auch die Sprachsituation ist eine ganz andere geworden: Wo ist die Bekenntnisgemeinde, die heute das „Vertrauenslied des einzelnen" aktiv hörend und tätig interessiert aufnimmt?

Das schwerwiegendste Problem aber ist wohl, daß zum Inhalt des Psalms eine tiefgreifende Entfremdung eingetreten ist. Natürlich hat es das auch im alten Israel gegeben: daß das Vertrauen vieler sich auf Baal richtete und nicht auf Jahwe . . .; daß die Zukunftshoffnung der in Israel Einflußreichen sich auf die Streitwagen der ägyptischen Bundesgenossen stützte statt auf den „Herrn der Heerscharen" . . .; daß der einzelne in eine tiefe Glaubenskrise geriet – aber heute dürfte die Zahl derer, die sich ernstlich und beständig auf das Gottvertrauen als ihre Lebensbasis berufen, doch recht schmal geworden sein – zu übermächtig sind die atomaren Todesdrohungen, zu allgegenwärtig Verfall und Vernichtung, zu unausweichlich der Weg der Erde in die Selbstzerstörung.

So geraten wir vor die Frage: Ist die Rezitation des 23. Psalms heutzutage womöglich nichts anderes als ein frommer Selbstbetrug, die Flucht in die Illusion des längst verlorenen Kinderglaubens?

3. Schritt: Neubelebung der Überlieferung durch Verfremdung

Es ist schon klar: Eine noch so gelungene Verfremdung des Bibeltextes kann das Vertrauen nicht wiederherstellen, das schwach geworden oder schon verloren ist. Aber sie könnte uns vor die Frage stellen: Worauf setzen *wir* unser Vertrauen? Sie könnte also die *Voraussetzung* für eine neue lebendige Begegnung mit dem Anruf schaffen, der aus Psalm 23 auf uns zukommt.

Welche Wege zur Neubelebung des Textes schlagen Verfremdungen ein?

Die allzu große Vertrautheit mit dem Psalm, die Gewöhnung an seine Bilder legen eine kräftigere Dosis an Verfremdung nahe. Im Vorgriff auf die im nächsten Abschnitt näher beschriebenen Methoden stellen wir zunächst einmal eine starke Verknappung unter gleichzeitiger Umkehrung der Aussage vor:

1.10

IM	IM
FINSTERN	FIN
TAL	STERN
MIT DEM UNGLÜCK	TAL
ALLEIN	MIT DEM UNGLÜCK
	AL
	LEIN

Die Verfremdung konzentriert sich auf Vers 4, den tiefsten Audruck des Vertrauens. Die einheitliche Schreibweise und die Anordnung der Zeilen sind in der modernen Literatur häufig verwendete Mittel, um den Lese-Vorgang zu verlangsamen und die Aufmerksamkeit anzuregen. Bei dem rechten Versuch wurde eine Technik der Konkreten Poesie aufgegriffen, die das Schriftbild als Medium der Gestaltung und Aussage mit einbezieht: Die Kreuzform soll auf einen möglichen Fluchtpunkt der Ausweglosigkeit hindeuten.

Solche Verknappungen sind natürlich nur etwas für „Eingeweihte"; nur wer den 23. Psalm fast auswendig weiß, erkennt ihn am Zitat „... im finstern Tal" – und merkt auch, daß die Vertrauensaussage „... Fürchte ich kein Unglück" umgekehrt wurde.

54

Die Verfremdung löst Denkanstöße aus: Wer könnte gemeint sein? – In welcher Lage befindet sich der Sprecher? – Wie ergeht es mir selbst „im finstern Tal"?

Eine Variante:

1.11

IM
FINSTERN
TAL
MIT DEM MAMMON
ALLEIN

Diese Form hat stärker provokativen Charakter; sie soll die Frage hervorrufen: Auf wen setze ich mein Vertrauen? Ist die Lebenssicherung durch das „Haben", hier mit dem biblischen Begriff „Mammon" symbolisiert, vielleicht schon längst an die Stelle des Vertrauens auf den „guten Hirten" getreten? – Aber was erweist sich als tragfähig im „finstern Tal"?
Als dritte Fassung sehen wir uns an:

1.12

IM
FINSTERN
TAL
MIT MIR
ALLEIN

Wieder ein anderer Impuls: Kann ich im „finstern Tal" ganz allein auf mich selbst gestellt bestehen? Wie könnte in dieser Situation überhaupt die Gegenwart Gottes aussehen? Welche Bedeutung hätte die solidarische Gegenwart anderer Menschen? Gibt es heute diese „Bekenntnis- und Solidargemeinde", wie sie sich im biblischen Zusammenhang zeigt?

Vielleicht bietet es sich auch an, die drei Textvarianten als kleine Reihe miteinander zu verbinden oder ganz andere Variationen auszuprobieren. Jedenfalls zeigt sich an diesem Beispiel deutlich, daß mit relativ geringem methodischen Aufwand ganz unterschiedliche Impulse ausgelöst, verschiedene Zugänge zu einem Bibeltext neu eröffnet werden können.

Natürlich ist auch ein ausgeführter Gegen-Text zu Psalm 23 reizvoll, der die Strukturen der Vorlage voll beibehält und die Umkehrungen an den einzelnen Elementen der biblischen Bildsprache festmacht. Als Beispiel stellen wir einen Text von Jörg Zink vor:

1.13

„Mein Herr ist die Technik. Mir wird es an nichts fehlen.
Wenn mir etwas fehlt, macht sie es für mich.

Die Technik ist immer erfolgreich und die Wissenschaft auch.
Sie können es sich gar nicht anders leisten.
Ihr guter Ruf hängt an ihrer Nützlichkeit.

Die Zukunft ist zwar manchmal ein wenig unsicher.
Aber ich habe Sicherheitsschlösser an meinen Türen,
einen Sturzhelm, wenn ich mich aufs Moped setze,
und später, wenn ich groß bin, Scheibenbremsen an meinem Wagen.
Auf alle Fälle, falls etwas schief geht, zahle ich meine Kirchensteuer.

Und weil ich technisch so viel los habe,
darum ist ja auch meine Kirchensteuer ziemlich hoch.

Es gibt zwar auch Feinde, die mir mein gutes Leben nicht gönnen,
zum Beispiel die Bolschewisten.

Aber auch da hilft mir die Technik.
Fünfhundert solide Raketen schützen mich hinreichend."

Aus: Erl/Gaiser, 1981, S. 88f

Diese ausgeführte Umkehrung bietet dem Leser viel mehr Vorgaben an, als die zuvor mitgeteilten Verknappungen; sie lädt weniger zum Reflektieren der eigenen Situation ein, sondern eher zur Auseinandersetzung mit der provozierend zur Sprache gebrachten Position. Allerdings bleibt zu fragen, ob nicht einige Formulierungen so überspitzt sind, daß sie den Adressaten nicht mehr treffen, sondern leerlaufen (z. B. die Aussage über die Kirchensteuer).

Mit diesen Beobachtungen schließen wir den methodischen Überblick über den Verstehensprozeß ab.

Im folgenden Abschnitt sollen die einzelnen Techniken, von denen schon zwei genannt wurden, im einzelnen dargestellt werden.

Die Techniken des Verfremdens

Verfremdungstechniken lassen sich ganz grob in drei Abteilungen ordnen:

- Einmal kann man am Bibeltext selbst etwas verändern, um den „fremden Blick" zu bewirken und die Relevanz für unsere Gegenwart neu aufscheinen zu lassen.

- Zweitens kann man versuchen, die Umgebung des Textes innerhalb der Bibel zu verändern und ihn so aus dem vertrauten Zusammenhang zu lösen, in dem wir ihn eben schon immer wahrgenommen haben. Eine Rahmung, eine Kombination kann den Text oft schon in ganz neuer Perspektive erscheinen lassen.

- Schließlich kann man die Situation abwandeln, in der wir den Text wahrnehmen; hier wird (in der Regel) nichts am biblischen Text selbst verändert; aber indem er in einen Zusammenhang mit kontrastierenden Materialien gebracht oder in einer ganz ungewohnten Situation dargestellt wird, ergibt sich fast von selbst das Staunen, die neue Sicht.

1. Veränderungen am Bibeltext

Diese Veränderungen ergeben sich aus einer methodischen Variation der Merkmale, die eine kritische Exegese des Textes sichtbar macht; der Autor einer Verfremdung geht also in diesem Bereich so vor, daß er die Erkenntnisse der Textanalyse in Instrumente der Text-Produktion umwandelt.

Die folgende Übersicht orientiert sich an fünf wichtigen Merkmalen:

– Umfang;
– Darstellungsperspektive;
– Form;
– Thematik;
– Intention.

Es liegt auf der Hand, daß Veränderungen häufig mehrere dieser Merkmale betreffen, so daß es zu Überschneidungen kommt. Auch wird es oft nicht möglich sein, die Verfremdung einer bestimmten Kategorie eindeutig zuzuordnen – in einem so komplexen Sprachgeschehen ist das auch kaum zu erwarten. Das Interesse ist eher ein praktisches: Wir brauchen ein Raster, um vorliegende Verfremdungen einordnen zu können und auch als Voraussetzung für eigene Versuche.

a) Veränderungen im Umfang

(1) Verkürzung
Einige Beispiele für eine intensive Form der Verknappung haben wir bereits im Zusammenhang des 23. Psalms besprochen.
Ein anderes Beispiel: Die Erzählung vom Einzug Jesu in Jerusalem (in der Fassung von Joh 12,12–19) verknappt der Autor Kurt Wolff auf die folgenden neun Zeilen:

1.14

„Ohne Furcht

Alle Welt
läuft ihm nach
Aus Jerusalem strömen
die Leute Jesus entgegen
der auf einem Esel reitet

der keine Furcht verbreitet
Die Obrigkeit fürchtet Aufruhr
Gefährlich sind Leute
ohne Furcht."

Wolff, 1980, S.78

Dieser Text kombiniert Motive aus der biblischen Vorlage in abgewandelter Folge. Die beiden letzten Zeilen bündeln die Elemente in einer frei formulierten Sentenz: „Gefährlich sind Leute ohne Furcht". Die Macht der unerschrockenen Gewaltlosigkeit wird aus dem biblischen Text knapp und präzise herausgearbeitet; er konfrontiert den Leser, der sich wahrscheinlich als „Nachfolger" Jesu versteht, mit der Frage, ob er wirklich diesen Weg Jesu mitgeht oder vielleicht doch nur ein „Nachläufer" ist, wie der Bibeltext formuliert?

Diese strikte Reduktion von biblischen Texten lenkt den Blick oft wie ein Scheinwerfer auf den springenden Punkt eines Textes. Sie hat meist deutlichen Aufforderungscharakter; sie regt wegen ihrer Kargheit an, eigene Erfahrungen in den angeleuchteten Zusammenhang einzubringen – man könnte geradezu von einem „assoziativen Sog" sprechen, der von solchen Kurztexten ausgeht.
Neben diesem strengen Verknappen wird häufig auch das Verfahren der Reduktion auf wesentliche Züge eines Textes angewendet, um die Aufmerksamkeit zu konzentrieren. Dabei ist allerdings die Gefahr gegeben, daß der Text zu einer „prosaischen Inhaltsangabe" degeneriert, notiert Alex Stock und erkennt als bessere Methode: „Nicht zusammenfassen, sondern auskämmen!" (Stock, 1974, S. 139 und 141).
Noch genauer kommt es auf das „Auskämmen" an, wenn größere biblische Zusammenhänge in *einen* Verfremdungstext verdichtet werden; z. B. die Erzählungen von der großen Flut, der Arche und dem Noah-Bund; oder: Die Geschichten von der Befreiung Israels aus der ägyptischen Sklaverei und vom Geschenk des Landes; oder: Die Passionserzählungen. Das Interesse des Autors ist hier meistens, den gesamten Überlieferungs-

59

komplex unter einer ihm wichtigen Perspektive ungewohnt zu beleuchten und damit neu zum Bewußtsein zu bringen. Ein Beispiel liegt in Band 2 in dem kurzen Text „weihnacht" von Kurt Marti vor (2.13), der die Erzählungen von der Geburt Jesu verdichtet.

(2) Erweiterung

Diese Form der Verfremdung legt sich immer dann nahe, wenn die biblische Vorlage selbst sprachlich und sachlich so dicht formuliert ist, daß sie leicht zur Formel erstarren und mißverstanden werden kann. Zu diesen Texten gehören auch die „Seligpreisungen" der Bergpredigt, vor allem der erste Spruch (Mt 5,3). Viele Mißverständnisse geistern herum. Bei derartigen Texten bietet eine mehr meditative Entfaltung die Möglichkeit der Klärung und damit des besseren Zugangs, wie das folgende Beispiel zeigt:

1.15

„Ich bin unheilbar diesseitig,
der Erde verhaftet,
ihren Gesetzen ausgeliefert,
neugierig verbunden
der Weite menschlicher Gedanken
aller Horizonte.

Das Beten aber fällt mir schwer,
die Anrede des Unfaßbaren.
Gebetsgemeinschaften sind mir zuwider,
die Entblößung der Seelen.

Goldene Worte sagen mir nicht viel.
Ich vernehme vor allem
ihren trügerischen, eitlen Glanz,
und Losungen bleiben oft stumm.

Ewige Wahrheiten reizen mich
zum Widerspruch.
Auch kenne ich ihre verletzende Schärfe,
wenn sie als Waffen verwendet werden.

Andacht und Stille
geben mir nicht Ruhe,
sondern beleben meine Phantasie
und lassen meine Gedanken schweifen
in die Landschaften
meiner Wünsche und Träume.

Ich krümme mich nicht gerne
nach innen, gesenkten Kopfes
und mit geschlossenen Augen.
Erst der Ausblick erhobenen Hauptes
macht mich gelassen und frei.

Ich bin arm
an allen Regungen der Frömmigkeit.
Nichts kann ich vorweisen –
außer Fragen und Bitten.

Nur eines weiß ich:
Ich habe Sehnsucht
nach der Gegenwart des Einen,
der sagte: „Selig seid ihr geistlich Armen",
und der dafür sterben mußte."

Fischer, 1980, S. 48 f

Die entfaltende Paraphrase greift Einstellungen und Gefühle auf,
die angesichts der ersten Seligpreisung entstehen, gerade im
Kontext einer geprägten, verfestigten Frömmigkeit, die sich
selbst zum Maß setzt, bestimmte Lesarten der Bibel für verbind-
lich erklärt und spezifische Verhaltensweisen als allein gültig
festzurrt. All dies spricht der Text an und gibt damit dem Leser,
der sich mit der genannten Frömmigkeitsform nicht einig weiß
und von ihr bedrängt fühlt, die Möglichkeit, seinen eigenen
Standort zu klären und auch als „schriftgemäß" zu begreifen.

Eine der häufigsten Methoden, in der verfremdende Erweiterun-
gen biblischer Texte vorgenommen werden, ist die *Montage:* In
den (meist unveränderten) Bibeltext wird sprachliches Fremdma-
terial montiert. Oft ist auch dies literarischen oder anderen
sprachlichen Vorgaben entnommen. Ein Beispiel liegt in dem
oben besprochenen Text 1.2 vor:

„Selig sind die Armen
– nie wieder Äthiopien
.......“

Die eingeschobenen Parolen sind alle nach dem Sprachmuster
des bekannten Aufrufs „Nie wieder Krieg“ gebaut.
Ein besonders interessantes Beispiel für die Technik der Montage
– wieder in bezug auf die Seligpreisungen – ist das folgende:

1.16

„1. Selig seid ihr Armen;
denn das Reich Gottes ist euer.
Selig seid ihr, die ihr hier hungert;
denn ihr sollt satt werden.
Selig seid ihr, die ihr hier weinet;
Denn ihr werdet lachen.

2. Meine Herren, heute sehen Sie mich Gläser abwaschen
ich mache das Bett für jeden.
Und Sie geben mir einen Penny und ich bedanke mich schnell
Und Sie sehen meine Lumpen und dies lumpige Hotel
Und Sie wissen nicht, mit wem Sie reden.

Aber eines abends wird ein Geschrei sein am Hafen
Und man fragt: Was ist das für ein Geschrei?
Und man wird mich lächeln sehn bei meinen Gläsern
Und man sagt: Was lächelt die dabei?
    Und ein Schiff mit acht Segeln
    Und mit fünfzig Kanonen
    Wird liegen am Kai.“

(Nitschke, in: Drewitz, 1979, S. 169)

Hier ist also Bibeltext mit literarischer Vorlage verschränkt;
genauer gesagt, mit dem Lied der Seeräuber-Jenny, das Polly in
Brechts Dreigroschenoper vorträgt (Brecht, WA 2, S. 415f.).
Die verfremdende Montage leistet zunächst einmal, daß der
Bibeltext „Fleisch auf die Rippen“ bekommt, will sagen, daß er
eine mögliche konkrete Dimension erhält, auch wenn die „See-

räuber-Jenny" nur eine fiktive Figur ist; gerade dadurch wird die Phantasie angeregt, sich andere Möglichkeiten der Einlösung der biblischen Verheißungen in seinem eigenen Erfahrungsbereich auszudenken.

Ihre Raffinesse bekommt die Montage natürlich dadurch, daß der Song aus der Dreigroschenoper selbst eschatologisches Vokabular benutzt: „Es wird ein Geschrei sein ... das Lachen wird aufhören ... die Mauern werden fallen...". Damit treten die beiden Textelemente nicht nur in ein höchst spannungsvolles Gegenüber, sondern klingen auch in sprachlicher Assonanz zusammen.

Die Montage als Methode der Verfremdung ist mit etwas sprachlicher Sensibilität verhältnismäßig leicht zu arrangieren; darum ist sie wohl auch als Grund-Form moderner Gottesdienste bekanntgeworden, vor allem im Kölner Politischen Nachtgebet. Auch für eigene Versuche bietet sich diese Form als eine der ersten an – darüber mehr in Kapitel V.

b) Veränderung der Darstellungsperspektiven

Einer der wichtigsten V-Effekte ist die Veränderung des gewohnten Blickwinkels, aus dem der Text erscheint. Dabei müßte von vornherein klar sein, daß das leitende Interesse ein weiter- und tiefergehendes sein sollte als das der bloßen „Aktualisierung", das wir oben als „Umstellen der Möbel" bezeichnet haben. Demgegenüber sollte in einer ernstzunehmenden Verfremdung das Bemühen erkennbar sein, durch Änderung der Perspektive die Botschaft des Textes wieder zu gewinnen – notfalls, wie wir sahen, auch gegen den Wortlaut des Textes.

(1) Veränderung der Raumperspektive

Wie sich die Veränderung des Raums auswirkt, kann man besonders gut an den Bibeltexten studieren, die im „Weihnachtsfestkreis" angesiedelt sind: Das verheißene Kind wird nicht nur auf dem „Thron Davids" sitzen (Jes 9,7), sondern:

1.17

„und dieses kind
sitzt
auf allen thronen der welt
in peking
in moskau
in washington
in london
in bonn
im vatikan
das kind
das wunder
der friede
regiert endlich die welt
ohne macht
in gerechtigkeit."

Aus: Willms 2.1

Es kommt nicht nur in Betlehem auf die Welt, sondern in Südamerika (z. B. Text 2.27 und 2.29), in Afrika (z. B. 2.9), im Konzentrationslager (2.17); das Feld der armen Hirten erstreckt sich heute auch „vor den Hürden der Behörden" (2.22). Der Wechsel des Raums macht einerseits die Nüchternheit und Härte der Menschwerdung Gottes in unseren eigenen Lebenszusammenhang verstehbar und durchkreuzt so jede Idylle; andererseits aber spitzt er auch die Zusage an: In *unsere* Welt kommt Gott als „Anfänger der neuen Menschheit".

(2) Veränderungen in der Zeitperspektive
Wer das Kind in Buchenwald auf die Welt kommen läßt, statt in Betlehem, verändert natürlich auch die zeitliche Dimension – „Vergegenwärtigung" ist ja ein treffender Begriff für Verfremdung. Die Zeit-Verschiebung hat dabei, wie wir schon bei der räumlichen Variation sahen, auch immer einen qualitativen Aspekt.
Eine spezielle Variante der Veränderung in der Zeitperspektive ist ein Verfahren, das man als „geschichtliche Fortschreibung"

bezeichnen könnte: Der biblische Text wird in Bewegung gesetzt auf einen Lauf durch die Geschichte.

Ein Beispiel wieder aus Band 2:

Kurt Marti (2.9) läßt die Geschichte Marias mit dem Magnificat beginnen (Lk 1,46–55); er begleitet sie auf ihrem Weg an der Seite Jesu bis nach Golgata. – Aber damit ist ihre Geschichte noch nicht zu Ende:

1.18

„später viel später
blickte maria
ratlos von den altären
auf die sie
gestellt worden war
. . . .
am tiefsten
verstörte sie aber
der blasphemische kniefall
von potentaten und schergen
gegen die sie doch einst
gesungen hatte voll hoffnung."

Aus: Marti, Und Maria. Text 2.9

Dies Verfahren löst eine starke Dynamik aus. Dem Autor geht es ja nicht um einen historischen Überblick, sondern er will klarmachen, welche verändernde Kraft einst von dieser Frau ausging – was wir daraus gemacht haben – welche Chancen sich bieten, wenn wir uns wieder auf die Anfänge einlassen.

(3) Veränderungen im Blick auf die Akteure

Die Veränderung bezieht sich zunächst einmal auf die Person des Erzählers. In den biblischen Erzählungen bleibt diese in aller Regel außerhalb des Geschehens – es wird aus einer eher beobachtenden, wenn auch natürlich nicht unbeteiligten Sicht erzählt. Schier unerschöpflich erweitern sich die Möglichkeiten neuer Perspektiven, wenn wir eine Person innerhalb des Geschehens zum Erzähler machen – sei es eine im Text erwähnte Figur oder eine fiktive. Ganz neu stellt sich die Menschwerdung Gottes aus der Sicht von Ochs und Esel dar (2.14); der Samariter, der Levit, der Priester, der Überfallene werden Lukas 10,25–37 in jeweils ganz anderer Perspektive erscheinen lassen – vielleicht erzählt auch jemand einmal die Geschichte aus der Sicht der Räuber?

In diesem Zusammenhang ist auch das schöne Mirjam-Buch von Luise Rinser zu erwähnen (Rinser, 1983). Sie erzählt die Geschichte Jesu aus dem Erlebnishorizont der Mirjam aus Magdala, die Jesus bis zum Kreuz folgte. Das Buch führt behutsam und mit starker Intensität durch das Geschehen und rückt die vertrauten Geschichten in faszinierend neues Licht – vor allem eben durch die ungewöhnliche Erzählerperspektive. Interessant ist an der Darstellung auch der Wechsel zwischen freier erzählten Passagen und Abschnitten, die enger am Bibeltext bleiben. Einige Texte des zweiten Typs werden wir in den Themenbänden vorstellen, als erstes die Erzählung von der Fußwaschung Joh 13,1–20 (3.36).

Auch die „narrativen Exegesen" von Walter J. Hollenweger fügen sich in diesen Zusammenhang (z. B. Hollenweger, 1978). Er erzählt biblische Zusammenhänge neu: Die Geschichte der Juden im babylonischen Exil – das Leben der christlichen Gemeinde in Korinth. Hollenweger berichtet aus der Sicht der Beteiligten und damit in neuer Perspektive. Vor allem gelingt es ihm, die biblischen Verhältnisse und Geschichten nicht nur im biblischen Befund zu klären und methodisch zu sichern (daher der Begriff „narrative Exegese"), sondern er versteht es auch, sie auf unsere heutigen Erfahrungen hin transparent werden zu lassen, nicht zuletzt durch die eher der Umgangssprache angenäherte Stilebene, die aber nie in Jargon abgleitet, wie wir es bei einem anderen Beispiel zu kritisieren hatten (s. o. 1.9)

In der Regel ist das Ergebnis bei der Veränderung der Erzähler-Perspektive ein doppeltes:

– eine Einladung zur Identifikation an den Leser bzw. Hörer. Dadurch kommt es meistens zu einer intensiven Auseinandersetzung mit dem biblischen Text;

– eine ganz neue Sicht: die Möglichkeit, nicht nur den äußeren Ablauf, sondern auch das innere Geschehen neu zu verstehen.

Eine wichtige, auch theologisch höchst bedeutsame Verschiebung im Blick auf die Akteure ist sehr häufig in Verfremdungen aus dem Bereich der dritten Welt erkennbar: Die „Relectura", das „neue Lesen" hat sehr oft zur Folge, daß die biblische Geschichte unmittelbar im Alltag dieser Menschen spielt (vgl. auch unten die Bemerkungen in Abschnitt 3 a). Diese Vergegenwärtigung können wir beispielsweise auch in den Negro-Spirituals der nordamerikanischen Sklaven beobachten. Dort ist der Grund-Tenor die Hoffnung, dereinst aus der gegenwärtigen Not erlöst und in Gottes kommender Welt getröstet zu werden. – Gerade im lateinamerikanischen Lebensraum aber erleben sich die Christen als *Subjekte* der Befreiung; nicht selten werden wir in ihren Versionen der biblischen Überlieferung dort, wo Gott als Befreier angerufen wird, nun lesen, daß die Christen selbst an ihrer Befreiung arbeiten oder jedenfalls mitarbeiten.

Ein gutes Beispiel haben wir in Text 1.4 kennengelernt (vgl. den Text und die Anmerkungen auf S. 14 f. Weitere Hinweise unten in Abschnitt 3 a).

(4) Veränderungen im Blick auf die Werte

Hier geht es nicht um Werte im Sinne abstrakter Normen, sondern eher um Bewertungen, um die Frage etwa, was im Sinne des Bibeltextes als gut gelten soll, was als schlecht, was als lebensfördernd oder lebensfeindlich, als schön oder häßlich.

Wie gehen Verfremdungen mit diesen textimmanenten Bewertungen um?

Hier werden wir zwischen zwei Ansätzen unterscheiden müssen. Einmal kommt es zu einer Umkehrung der Werte, die sie letztlich wieder ins Bewußtsein und zur Geltung bringen will – und dies auf dem Umweg über ihre Negation. Hierher gehören die meisten „Gegentexte" aus den bisher besprochenen Beispielen, also vor allem 1.1 und 1.13: Umkehrung in didaktischer Absicht.

Davon zu unterscheiden sind jene Verfremdungen, die die vielfach abgebrauchten Wert-Begriffe wie Frieden, Gnade, Nächstenliebe usw. durch Formulierungen ersetzen wollen, die deutlicher und lebensbezogener zur Sprache bringen, was diese Begriffe heute vermitteln könnten.

Einen interessanten Versuch in dieser Richtung hat der Neurochirurg Rudolf Kautzky vorgelegt (Kautzky, 1984). Als Beispiel stellen wir seine Verfremdung des bekannten Christushymnus vor. Zuerst der Bibeltext:

„Diese Gesinnung hegt in euch, die auch in Christus Jesus war, der, als er in Gottes Gestalt war, es nicht für einen Raub hielt, wie Gott zu sein, sondern sich selbst entäußerte, indem er Knechtsgestalt annahm und den Menschen ähnlich wurde; und der Erscheinung nach wie ein Mensch erfunden, erniedrigte er sich selbst und wurde gehorsam bis zum Tod, ja bis zum Tode am Kreuz. Daher hat ihn auch Gott über die Maßen erhöht und ihm den Namen geschenkt, der über jeden Namen ist, damit in dem Namen Jesu sich beuge jedes Knie derer, die im Himmel und auf Erden und unter der Erde sind, und jede Zunge bekenne, daß Jesus Christus Herr ist, zur Ehre Gottes, des Vaters."

Phil 2,5–11

Jetzt Kautzky:

1.19

„Diese Gesinnung Jesu Christi macht euch zu eigen: Er, dem alle Möglichkeiten eines erfolgreichen Lebens offenstanden, klammerte sich nicht ängstlich daran, sie egoistisch für sich auszuschlachten. Er verzichtete auf den Erfolg für sich selbst und solidarisierte sich mit den Gescheiterten und Unterdrückten. Er nahm alle Machtlosigkeit und alles Elend der Menschen auf sich, sogar den Tod. Ja, er starb freiwillig den verachteten Tod eines Verbrechers. Erst durch diese Konsequenz wurde er überzeugend. Erst dadurch wurde sein scheinbares Scheitern zu einem wirklichen, alles überragenden Erfolg. Nur so konnte sein Leben zur Orientierung für das Leben und Zusammenleben aller Menschen werden. Wer sich an sein Vorbild hält, kann mit Recht bekennen: Jesus ist der Herr – nur er führt zu einem wahrhaft glücklichen Leben!" (ebd. S. 81)

Mit strenger Konsequenz hat der Autor den Text des Philipperbriefs, der das Werk Christi in der Sprache eines Erlösungsdramas mit kosmischen Dimensionen schildert, umgeschrieben: Aus der präexistenten Göttlichkeit Jesu wird: „... dem alle Möglichkeiten eines erfolgreichen Lebens offenstanden" – aus der „Entäußerung" wird Erfolgverzicht und „Solidarisierung mit den Gescheiterten und Unterdrückten" – aus der kosmischen Erlösung wird der Erfolg, der zur Lebensorientierung für alle führt. Sicher wird es kontroverse Meinungen über diese Verfremdung der „Werte" geben, manche werden sie als zu weitgehende „Entmythologisierung" der biblischen Vorlage ablehnen. Mit Sicherheit aber dürfte sie eine erneute Lektüre des Christusliedes anregen, wie es Paulus überliefert hat; der Leser wird vielleicht auch darüber reflektieren, was ihm der Bibeltext zu sagen hat; möglicherweise wird er sich provoziert fühlen, seine gewohnte Sicht des Christus-Werks gegen den Verfremdungstext zu verteidigen – und dabei gewiß ganz neue Dimensionen entdecken. Damit aber wäre die Verfremdung schon an ihr Ziel gekommen; denn sie will ja nicht einen neuen „heiligen Text" an die Stelle des alten setzen, sondern gerade die biblische Überlieferung in Bewegung setzen – auf den heutigen Hörer zu.

c) Veränderung der sprachlichen Form

Mit dieser Veränderung stoßen wir auf die vielleicht häufigste Methode der Verfremdung: Unter Beibehaltung der Thematik wird aus einem erzählenden Text ein Lied (biblisches Vorbild: die alttestamentlichen Geschichtspsalmen), aus einem Spruch entfaltet sich eine Geschichte (z. B. 3.17).

Eine spezifische Form hat Klaus-Peter Hertzsch mit seinen „biblischen Balladen" gefunden (Hertzsch, 1978); biblische Geschichten werden in volkstümlichen Reimen bunt und anschaulich erzählt. – Inzwischen hat die Gattung weitere Freunde gefunden (Nübel, 1981; Heyde, 1981). Als Beispiel sehen wir uns einen Ausschnitt aus einer Ballade über Daniel in der Löwengrube an; sie schildert den Augenblick, in dem der König aufgrund der Anzeige der Minister den Daniel verurteilen muß (Dan 6,13–16):

1.20

„Die andern schildern ganz natürlich
dem König alles ganz ausführlich.

Der klagte: ‚Ach, wie ihr frohlockt!
Was hab ich mir da eingebrockt.'

Obgleich den ganzen Nachmittag
er ihnen in den Ohren lag,

sie sagten störrisch: Einerlei!
Du hast's bestimmt. Nun bleibt's dabei.

Und darum muß der Lotterbube
noch heute in die Löwengrube."

......

Eine äußerst konzentrierte Formverfremdung zeigt das folgende
Beispiel:

1.21

„Vom Waschn

Da Jesus
hat de Jünger gsagt:
‚Waschts euch gegnseitig
d Füaß!'

‚Oa Hand
wascht de anderne',
sagt ma heut."

Hardy Scharf; Text 3.38

Die Verfremdung verdichtet die biblische Geschichte von der
Fußwaschung Joh 13,1–20 auf die Weisung Jesu. Durch die
Zusammenstellung mit dem heute gängigen Sprichwort gewinnt
der kurze Text die sprachliche Qualität eines scharfen Aphoris-

mus, der unsere Lebensweise als eine Verleugnung Jesu entlarvt.

Die Veränderung der Form biblischer Texte wird, wie gesagt, häufig angewendet; im Grunde schließen die meisten bisher vorgestellten Verfremdungs-Techniken mehr oder weniger deutliche Veränderungen der sprachlichen Form ein. Die Technik ist recht wirkungsvoll, weil sie die altgewohnten Texte im neuen Kleid präsentiert – das regt an, macht Appetit. Allerdings ist bei diesem Typ von Verfremdungen zu beachten, daß biblische Texte durchgehend in unverwechselbarer Verknüpfung von Inhalt und Form gebaut sind („Gattung"); dies zeigte sich am Beispiel von Psalm 23. Wegen dieser Eigenart der biblischen Überlieferung ist die Wahl der neuen Form nicht beliebig, sondern muß genau klären, ob sie der spezifischen Botschaft des Bibeltextes und der heutigen Hör-Situation gerecht wird.

Als ziemlich ungeeignet sind Umformungen einzuschätzen, die die biblischen Vorlagen in „Aussagen" über Gott, Welt, Mensch verwandeln. Am Beispiel der kirchlichen Predigt hatten wir geklärt, daß dieser Transfer der „Guten Nachricht" in Lehr-Texte ihre Dynamik stark reduziert.

d) Veränderung der Thematik

Diese Methode schlägt den umgekehrten Weg ein wie das eben vorgestellte Verfahren: Die formale Struktur bleibt unverändert, wird aber mit neuem Sprachmaterial gefüllt. Dies bietet sich überall da an, wo die biblischen Vorlagen in sprachlich sehr deutlich und einheitlich geprägte Formen gefaßt sind. Das ist vor allem bei zwei Gattungen der Fall: bei den Psalmen und den neutestamentlichen Gleichnissen.

Zwei Beispiele zu Psalm 23 und Psalm 107 stellen wir in Kapitel V dieses Bandes vor. Unter anderem wird berichtet, wie Grundschulkinder die Bilder des 23. Psalms aus dem Hirtenleben, die ihnen fremd sind, in Äußerungen aus dem eigenen Erfahrungsbereich transferiert haben: aus dem Hirten wird der „Vater und Lehrer", die „grüne Aue" zum Spielplatz usw.

Elf verschiedene Verfremdungen zum Gleichnis vom Barmherzigen Samaritaner (Lk 10,25–37) stellt Band 3 vor (3.25–3.35). Bei etwa der Hälfte der Beispiele wurde die Formalstruktur des Bibeltextes erhalten (3.27; 3.28; 3.32; 3.33; 3.35), aber die Inhalte haben sich gründlich verändert; sie zeigen mehr Bezug zur heutigen Realität, arbeiten die Provokation schärfer aus, suchen andere Erfahrungsbereiche.

Dieser Typ von Verfremdungen wird meist gewählt, um allzu vertraute Inhalte biblischer Überlieferung neu zu akzentuieren und ihre Botschaft deutlicher in unserer Gegenwart hörbar zu machen.

Neben der Montage ist diese Art der Verfremdung am leichtesten zu handhaben; darum ist sie auch in der Literatur am weitesten vertreten und wird am ehesten im Religionsunterricht und der Gemeindearbeit zur Produktion eigener Texte eingesetzt (s. unten Kapitel V).

e) Veränderung der Intention

Strenggenommen handelt es sich bei diesem Punkt nicht um eine Verfremdungs*methode,* sondern um einen Verfremdungs*grundsatz.* Diesen hatten wir schon in verschiedenen Problemstellungen besprochen, darum können wir uns hier mit einigen zusammenfassenden Notizen begnügen.

Die Veränderung der Intention eines Bibeltextes, auch ihre Verkehrung ins Gegenteil, hat in aller Regel didaktische Funktion: Sie soll unsere eigene Situation ins Licht setzen, die der biblischen oft diametral entgegensteht: Weil wir dem von Jesus ausgerufenen Reich Gottes *ent*fremdet sind, müssen die Seligpreisungen radikal *ver*fremdet werden (1.1), weil wir weit entfernt sind davon, auf Gott *allein* unser Vertrauen zu setzen, sondern oft auf ganz andere Sicherungen bauen, muß das Vertrauenslied Psalm 23 auf den Kopf gestellt werden (1.13).

2. Veränderungen im Umfeld des Bibeltextes

Bei den in diesem Abschnitt vorzustellenden Verfahren geht es nicht darum, den Text selbst zu verändern, sondern seine gewohnte Umgebung innerhalb der Bibel fremd zu machen. Im großen und ganzen bieten sich dafür zwei Methoden an: Die Rahmung und die Textkombination.

a) Rahmung

Viele biblische Schriften sind, wie uns die historische Forschung gezeigt hat, aus Einzelerzählungen zusammengewachsen; oft werden diese nur lose durch redaktionelle Zwischentexte zusammengehalten. Wenn sie heute weitgehend als Einzeltexte vermittelt werden – etwa in der Predigt und im Religionsunterricht – dann entsteht leicht der Eindruck, daß sie ein wenig im luftleeren Raum abstrakter ungeschichtlicher Wahrheiten schweben.
Da kann ein kurzer Rahmentext viel beheben.
Ein Beispiel:
Die oft gehörte Geschichte von der wunderbaren Stillung des Seesturms (Mk 4,35–41 par) kann ganz neue Dimensionen gewinnen, wenn eine Rahmenerzählung sie in das Leben der Urgemeinde stellt: In einer geschilderten Situation der Verfolgung und Bedrängnis, in der den Christen „das Wasser bis zum Halse steht", wird die Wundergeschichte erzählt und zeigt plötzlich ihr wahres Gesicht: Nicht eine Geschichte von einem allmächtigen Mirakel-Mann ist sie, sondern eine Trost- und Hoffnungsgeschichte, die Verzagte ermutigt, wo alles zu Ende schien, Verzweifelte aufrichtet, wo schon der Boden unter den Füßen versank.
Rahmenerzählungen, vornehmlich *Einleitungen,* können also sichtbar machen, wie ein Bibeltext einmal Antwort auf Lebensfragen gegeben hat. Das ist sicher ein „fremder Blick" auf einen Bibeltext, der uns so oft als „ewige Wahrheit" vorgestellt worden ist. Der Rahmentext kann der Geschichte, die durch jahrhundertelange Rezitation ein wenig atemlos geworden ist, frische Luft zuführen, er zeigt ihre Lebendigkeit und läßt uns fragen, in

welchen Situationen dieser Text für uns heute zur Trost- und Hoffnungsgeschichte werden könnte ... Die Beispiele lassen sich leicht vermehren.

Eine etwas andere Funktion haben *Fortsetzungen* biblischer Texte. Oft sind wir aus guten Gründen neugierig, wie eine biblische Geschichte ausgehen könnte; denn viele Erzählungen gerade des Neuen Testaments haben ja keinen Schluß. Wie ging es denn eigentlich weiter mit dem Hauptmann von Kafarnaum? Wie gestaltete der reiche junge Mann, der es nicht schaffte, Nachfolger Jesu zu werden, sein Leben? Machte er einfach weiter wie bisher? – Was geschah mit Zachäus? Wurde er ein „Christ"? Oder blieb seine Umkehr womöglich nur ein Strohfeuer entflammter Begeisterung ohne Folgen?

Es fasziniert ungemein, sich die verschiedensten Schlüsse biblischer Geschichten auszudenken – nicht aus purer Neugier oder müßigem Spieltrieb, sondern weil wir uns wohl immer mit diesen Gestalten identifizieren und in diesen Erzählversuchen jedesmal auch unterschiedliche Lebensmöglichkeiten für uns selbst ausprobieren.

Ein extremes Beispiel einer solchen Um- und Weitererzählung hat Hans Daiber in seiner Erzählung „Argumente für Lazarus" vorgelegt (abgedruckt u. a. in: S. Berg, 1974, S. 72–75. Bibeltext: Joh 11,1–45). Lazarus will nicht auferweckt werden. Seine Hauptargumente: Gott ist der Diktator, der mit ihm nach Belieben umspringt, ihn als Demonstrationsobjekt für seine Wunder-Macht mißbraucht. Und: Was ist das für ein Leben in einer Welt, in der wir uns gegenseitig umbringen – bis zum bitteren Ende? Lazarus wird gegen seinen Willen zum Leben gebracht, ein willkommenes Objekt rasch entfachter Wundergläubigkeit und sentimentaler Nächstenliebe. Und so geht die Geschichte aus: „In der Morgendämmerung fand Martha ihn hinter dem Haus. Er hatte sich erhängt, an der hundertjährigen Olive." – Eine kräftige Provokation – für manche hart anstößig. Aber bevor wir (ver)urteilen, müssen wir uns mit der Frage nach unserem Gottesverhältnis auseinandersetzen: Verehren wir den himmlischen Diktator, dem man sich bequem unterwerfen kann – oder sind wir bereit,

den unbequemen Weg der freien Söhne und Töchter zu gehen,
den Christus für uns eingeschlagen hat? – Wir müssen uns auch
nach unserem Weltverhältnis fragen lassen: Machen wir Gott für
die Misere verantwortlich und lassen die Welt in ein „göttliches
Finale" treiben, „vor dem uns nur die Bombe retten wird, die du
uns geschenkt hast...", oder übernehmen wir die Verantwortung, die uns zugedacht ist?

Ein etwas anderer Typ der Weiter-Erzählung ist die Fortschreibung in die Geschichte hinein, die die vertanen Chancen des
Bibelworts kennzeichnet und unsere eigene Situation um so
greller beleuchtet; als Beispiel hatten wir das Maria-Gedicht von
Kurt Marti kennengelernt (s. o. S. 65).

b) Kombination mit anderen Bibeltexten

Die Kombination ist wohl die älteste Form, Texte zu verändern;
denn bereits beim Zusammenfügen der überlieferten Einzelerzählungen im Alten und Neuen Testament zu größeren Einheiten
kommt es ja zu ganz erheblichen Verschiebungen in Aussage und
Zielrichtung der Überlieferung. Interessant ist auch die Kombination verschiedener Traditionselemente in biblischen Über-
blickstexten, etwa in Psalmen oder Bekenntnissen (z. B. Ps 78;
105; 106). Man könnte diese Textsorte vielleicht als „Summa-
rium" bezeichnen; hier werden nicht Bibeltexte kombiniert,
sondern Motive, Kurzformeln, die größere Erzählzusammen-
hänge verdichten. So heißt es in einem Rückblick auf Israels
Geschichte:

„Sie machten ein Kalb am Horeb
und beteten an vor dem gegossenen Bilde;
so tauschten sie ihren Ruhm
an das Bild eines Rindes, das Gras frißt.
Sie vergaßen Gott, ihren Heiland,
der große Dinge in Ägypten getan hatte.
Wunder im Hause Hams
und gewaltige Taten am Schilfmeer.
Da gedachte er, sie zu verderben..."
Ps 106,19–23

An diesem Textstück können wir beobachten, daß es die kritische Sicht der überlieferten Heilsgeschichte nicht nur bei den Propheten gibt, sondern auch in anderen Zusammenhängen. Verfremdung kommt auf, damit Heilsgeschichte nicht mehr als Ruhekissen gottvergessener Heilssicherheit herhalten kann.

Dieses Kombinieren und Arrangieren ist das Grundmuster des Tradierens im Alten und Neuen Testament; „die Bibel ist ein Text aus Texten", notiert Alex Stock (Stock, 1974, S. 68).

Dieser Prozeß setzte sich auch nach Abschluß des biblischen Kanons fort. Es entstanden Zusammenstellungen zu liturgischen Anlässen, zu thematischen Motiven usw. In der Regel war das Interesse, dem Benutzer solcher Sammlungen unterschiedliches Material für gleiche Anlässe zur Verfügung zu stellen; dabei war schon klar: Je ähnlicher die kombinierten Texte sind, desto schwächer ist der Grad der Fremdheit, der durch den neuen Zusammenhang entsteht.

In den Bänden „Biblische Texte verfremdet" kommt die Methode der Verfremdung durch Kombination biblischer Texte in drei Varianten zum Zug:

– Einmal haben wir versucht, schon in der Auswahl der biblischen Basis-Texte zu den Themen der Bände in gewisser Weise den „fremden Blick" anzuregen: Wer erwartet schon zum Thema „Nächstenliebe" Bibeltexte wie „Kain und Abel" oder die „Fußwaschung"? Hier sollen die ersten Antöße wirksam werden.

– Die spezielle Form des „Summariums", in der nicht Bibeltexte kombiniert werden, sondern Motive und Kurzformeln aus größeren geschichtlichen oder thematischen Zusammenhängen, kommt in den Bänden 2 und 4 mehrfach vor. In Band 4 geht es um „Christus-Summarien", d. h. deutende Verfremdungen, die einzelne Motive der Praxis und Geschichte Jesu so kombinieren, daß ein ungewohntes, Fragen provozierendes Bild entsteht.

In Band 2 werden viele Texte angeboten, die die biblischen Geschichten von der Geburt nicht nacherzählen, sondern einzelne Elemente mit Anspielungen auf die ganze Christus-Geschichte deutend kombinieren; ein Beispiel:

1.22

„jesus
von einem mann gezeugt
von einer frau geboren
gottes antwort
unerwartet
an unscheinbarem ort
eingewickelt in tücher
schmutzig von all denen
die sie trugen vor dir
die menschen werden
nein sagen
du aber sagtest
ja"

Eggimann, Text 2.31

Den biblischen „Weihnachtsgeschichten" sind folgende Motive
entnommen: „von einer frau geboren – an unscheinbarem ort –
eingewickelt in tücher". Gerade dieses Motiv der Windeln, das ja
auch in der Malerei Symbol der erniedrigenden Menschwerdung
ist (z. B. im berühmten Isenheimer Altar des Meister Matthis),
verschränkt sich hier mit dem Gedanken des „Tragens", des
„Auf-sich-Nehmens": Gottes Lamm trägt unseren „Schmutz".
Auch der Schluß des Textes verbindet die Menschwerdung mit
dem Leiden. Christus wird von den Menschen verworfen, aber er
bejaht den Weg nach Golgota, der in Betlehem begann.
– Ein dritter Ansatz ist in solchen Verfremdungstexten zu erkennen, die kurze Zitate und Motive aus ganz unterschiedlichen
biblischen Vorlagen kombinieren und weiterführen. Aus Band 2
wäre hier vor allem „Ecce Homo" von Jo Krummacher zu nennen
(2.3); er verbindet Zitate aus Psalm 127 und Jesaja 9,5. Die
Psalmverse rufen im Stil der alttestamentlichen Weisheit zu
einem besonnenen Leben auf, das die tägliche Mühe und Plage an
die Fürsorge Gottes bindet:

„Wenn der Herr nicht die Stadt behütet,
so wacht der Hüter umsonst."

Zwischen die einzelnen Psalmverse, die diesen Grundgedanken entfalten, schiebt der Autor in der Methode der Montage Aussagen, die zeigen, daß unser Leben diese Sinndimension verloren hat und darum in tödlicher Monotonie um sich selbst kreist. In diesem Kontext kann die alte Verheißung „Ein Kind wurde uns geboren, ein Sohn wurde uns geschenkt" aus Jes 9,5 wieder zur aufregenden Nachricht werden.

Ein sehr schönes Beispiel für dieses Verfahren der Motivkombination hat Wilhelm Willms in seinem Lied „Wir tanzen" vorgelegt:

1.23

„ostertanzlied

wir tanzen
wir tanzen
um das goldene kalb
tanzen wir nicht

wir tanzen
wir tanzen
auf dem vulkan
tanzen wir nicht

wir tanzen
nicht um die mächtigen
wir tanzen
nicht um die prächtigen

wir tanzen
wir tanzen
wir tanzen vor dem licht
das die nacht durchbricht

wir tanzen
wir tanzen
wir tanzen vor dem feuer
das unsere schuld verbrennt

78

wir tanzen
vor dem einen
der uns alle kennt
.....“

Willms, 1974, Nr. 10.17

Das Lied geht von der Erzählung vom Tanz um das „goldene
Kalb" aus (Ex 32): Israel huldigt dem Stier, dem sichtbaren
Symbol einer auf Macht und Gewalt aufbauenden Religion. Der
Text versteht sich als Absage an alle Götzen der Macht – denn ihr
Gottesdienst ist ein „Tanz auf dem Vulkan". Statt dessen ist ein
anderer Tanz angesagt: „Vor dem Licht – vor dem Feuer – vor
dem einen, der uns alle kennt". In den weiteren Strophen kommen noch hinzu:
– „brot, das unseren hunger stillt";
– „wein, der uns mit hoffnung füllt";
– der eine, „der die lahmen zum tanzen bringt";
– der eine, „der über den schatten springt".
Der Autor kombiniert im Gegenzug gegen den Tanz um das
„goldene Kalb" lauter Kurzformeln, die jeweils Heils-Geschich-
ten anklingen lassen. Der stakkatohafte Rhythmus bringt das
Ganze in eine mitreißende Bewegung.

3. Veränderungen in bezug auf die heutige Situation

Welche Bedeutung hat die Situation, in der ein heutiger Hörer
oder Leser einen Bibeltext wahrnimmt, für das Verstehen?
Hier soll nicht die ganz besondere Situation angesprochen sein,
in die wir einmal geraten können: Wenn wir trauern, wird uns der
Psalm 126 ganz persönlich ansprechen; wenn wir Angst haben,
finden wir vielleicht im 23. Psalm Geborgenheit... In den
folgenden Überlegungen soll es vielmehr um den alltäglichen,
sozusagen „normalen" Umgang mit der Bibel gehen: in der
Bibellesung, im Gottesdienst, im Unterricht. Dieses Problem
hatten wir im Zusammenhang mit der Neutralisierung der Über-

lieferung durch Abnutzung schon einmal angesprochen (s. o. S. 17 ff.). Die ständige Wiederholung kann nicht nur einen fatalen Gewöhnungs-Effekt erzeugen, sondern auch die Qualität der Texte verändern. Was einmal als „Gute Nachricht" galt, ist zur Pflichtlektüre geworden, zum liturgischen Versatzstück, zum Unterrichtsstoff.

Die Hör-Situation beeinflußt also den Hör-Vorgang. Was geschieht nun, wenn sich die Situation verändert?

Das wollen wir anhand eines Beispiels untersuchen. Zu den kirchlichen Predigttexten gehört Amos 5,21 ff. Da heißt es:

> „(So spricht Jahwe:) Ich hasse, ich verschmähe eure Feste, und eure Feiern kann ich nicht riechen. Wenn ihr mir Brandopfer darbringt – an euren Gaben habe ich kein Gefallen, und das Opfer eurer Mastkälber sehe ich nicht an. Hinweg von mir mit dem Lärm deiner Lieder! Das Spiel deiner Harfen mag ich nicht hören! Aber es ströme wie Wasser das Recht, und die Gerechtigkeit wie ein unversieglicher Bach!"

Amos 5,21–24

Wird dieser Text im Rahmen des gewohnten Turnus im Gottesdienst verlesen und ausgelegt, dürfte sich niemand darüber aufregen. Wird der gleiche Text jedoch – sagen wir – auf der Weihnachtsfeier der kirchlichen Mitarbeiter in der gleichen Gemeinde vorgetragen, dürfte er ganz andere Reaktionen auslösen – von Betroffenheit bis zu Empörung.

Je nach Situation wirkt also der gleiche Text einmal als nicht sonderlich beunruhigende Perikope oder aber als kräftige Provokation – ohne daß er sich selbst verändert. Auch hier hat eine Verfremdung stattgefunden – aber nicht, wie bisher, im Zusammenhang der Texte, sondern in der Situation des heutigen Lesers/ Hörers.

Diese Beobachtung hat die Verfremdungs-Methodik aufgegriffen und daraus einen eigenen Ansatz entwickelt. Zuerst werden wir eine solche situative Verfremdung im Zusammenhang der dritten Welt beobachten und dann Arrangements aus unserer Situation vorstellen.

a) Situative Veränderung in Lateinamerika

Gerade in den lateinamerikanischen Basisgemeinden hat seit einigen Jahren eine starke Rückbesinnung auf die befreiende Dynamik der biblischen Überlieferung eingesetzt. (Eine systematische Untersuchung hat Hoffmann, 1978, vorgelegt; besonders wichtig S. 144 ff.) Zuerst wurden wohl die Psalmen von Ernesto Cardenal bekannt (Cardenal, 1968); seine spezifische Art des Zugangs zu den biblischen Psalmen in der Situation der Bedrückung beleuchtet eine Neu-Dichtung von Psalm 130:

1.24

„Aus der Tiefe rufe ich, Herr, zu Dir!
Ich flehe Dich an, nachts, in meinem Gefängnis,
im Konzentrationslager,
in der Folterkammer
im Dunkelarrest
und während des Kreuzverhörs.
Höre meine Stimme, mein SOS.

Führtest du ein Sündenregister –
Herr, wer wäre ohne Schuld?
Du aber vergibst die Sünden,
Du bist nicht unversöhnlich wie die Untersuchungsbeamten."
Aus: Cardenal, 1968, S. 35

Dieser Text zeigt die drei charakteristischen Merkmale der „Relectura" der Schrift in Lateinamerika:

– Der Text wird in intensiver Auseinandersetzung mit der heutigen Situation gesehen;
– der „Arme steht in der Mitte der Leidens- und Befreiungsgeschichte ... Der Arme ist ... nicht passiver Adressat der Bibel, sondern aktiver ‚Träger des Wortes Gottes'" (Hoffmann, 1978, S. 145);
– die „Relectura" von diesem Standort aus entdeckt die „befreiende Dimension" der Bibel: Sie erkennt, daß die heutige Situation der Unterdrückung im krassen Widerspruch zum

Willen Gottes steht, wie er in der biblischen Überlieferung niedergelegt ist; und sie findet einen großen Vorrat an „Impulsen für eine befreiende Praxis" (L. Boff; in: Hoffmann, ebd.).

In diesem Vorgang des Neu-Lesens kommt es zu einem pulsierenden Hin-und Herschwingen zwischen heutiger Situation und biblischer Überlieferung.

Dem Leser wird in der Begegnung mit der Bibel seine eigene Situation klarer bewußt: er verändert sich; gleichzeitig liest er die Texte mit neuem Bewußtsein: die Bibel verändert sich.

Als nächster Anstoß aus Lateinamerika erreichten uns die Gespräche der Bauern aus Solentiname über das Evangelium (Cardenal, 1976. Seither viele Ausgaben, auch als TB). Cardenal zeichnete Gespräche auf, die Bauern und Fischer auf der Insel Solentiname über Texte des Neuen Testaments führten. Im Vorgriff auf das nächste Kapitel, in dem wir visuelle Verfremdungen der *Passion* Jesu besprechen, sehen wir uns einen Abschnitt über die Einsetzung des Abendmahls an (Mk 14,22–25):

1.25

„William: – Ich glaube, als er ihnen diese Kommunion gab, das Brot, das die Nahrung, und den Wein, der die Freude ist, und dabei sagte, es sei sein Leib und sein Blut, meinte er damit, daß wir uns genau wie er für die Armen hingeben sollten ... Das ist es, was er von uns wollte, als er sagte, wir sollten es genauso machen wie er. Wir sollten keinen bloßen Ritus wiederholen. Und aus der Eucharistie haben sie einen Ritus gemacht.
Ich sage: – Jesus will gerade mit einem Ritus brechen. So wie auch das Osterfest der Israeliten ein Bruch mit einem Ritus war, indem aus einem religiösen Fest ein politischer Akt wurde. Ihr Ostermahl, das von neuem zu einem Ritus geworden war, wird von Christus für eine politische, ökonomische und soziale Befreiung der Menschheit benutzt."

Solentiname, S. 315f.

Auch hier erkennen wir die gleichen Merkmale der Relectura wie bei den Psalm-Neudichtungen von Cardenal. Allerdings haben wir es nicht mit Verfremdungen im engeren Sinn zu tun, sondern mit Gesprächen über den Text; aber es zeigt sich auch in diesen Beispielen deutlich, wie durch eine veränderte Situation der überlieferte Text völlig neue Perspektiven gewinnt.

Die bisher besprochenen Texte machen sichtbar, wie Christen ziemlich spontan auf eine veränderte Situation mit einer veränderten Bibellektüre reagieren; es handelt sich gewissermaßen um Spontan-Verfremdungen.

Die beiden folgenden Beispiele markieren eine deutlicher ausgearbeitete Form des neuen Umgangs mit Bibeltexten. Der neue Weg besteht darin, Erfahrungen der Leser oder Hörer, die sich bisher in der Textgestalt (Cardenal-Psalmen) oder in den Gesprächsbeiträgen (Solentiname) zeigten, nun in Form von Text- und Bildvorgaben ausdrücklich und methodisch gesichert in den Verstehensprozeß einzubeziehen. Auch ein lehrhaftes Interesse ist erkennbar; allerdings ist nicht so sehr daran gedacht, bestimmte Inhalte einzuprägen – dies entspricht eher der europäischen Katechismus-Tradition –, sondern die Gemeinden in den situationsgerechten, befreienden Umgang mit der Bibel einzuüben.

Vamos Caminando heißt „Machen wir uns auf den Weg!" (1983). Der Untertitel zeigt deutlich, daß das Buch im Kontext der „Relectura" zu sehen ist: „Glaube, Gefangenschaft und Befreiung in den peruanischen Anden". Es gliedert sich in kleine Abschnitte, meist auf einer Doppelseite dargestellt. Sie enthalten in der Regel vier Grundelemente: Schilderung des elenden Lebens der Campesinos in Wort und Bild; Anregung zur Diskussion („Kommt, wir sprechen miteinander"); Lied oder Gebet; Schriftlesung („Wir gehen mit dem Herrn"). Einen guten Einblick vermittelt das in Band 2 abgedruckte Beispiel zum Thema „Geburt Jesu" (2.29). Es variiert diese Elemente etwas: Die Situationsschilderung ist in eine verfremdende Nacherzählung der biblischen Geburtsgeschichte eingearbeitet: „José" kommt nicht mehr in Betlehem auf die Welt, sondern in Chontapampa. In diesem spannungsvollen Geflecht von Situation und Tradition,

Reflexion und Kontemplation, Anbetung und Aktion bekommen die abgenutzten Texte eine überraschend neue Qualität.

Ähnlich strukturiert ist der brasilianische Bibelkurs „Vom Leben zur Bibel – von der Bibel zum Leben" (Mesters, 1983). Die Teilkapitel („Treffen") bieten jeweils im ersten Teil eine „Lektüre des Textes aus dem Leben", aufgeteilt in: „Eine Begebenheit aus dem Leben von heute" und „Eine Begebenheit aus dem Leben zur Zeit der Bibel"; die Autoren machen also den interessanten Versuch, den Lebensbezug der Überlieferung schon in der Bibel selbst zu entdecken. – Der zweite Teil eines jeden „Treffens" bietet die Lektüre des Textes aus der Bibel an: Ihr folgt ein durch Vertiefungsfragen gelenktes Gespräch.

In beiden Büchern fällt der hohe Anteil an berichtenden Elementen auf. Diese haben sicher nicht in erster Linie die Funktion der Information, sondern wollen die Solidargemeinschaft mit dem Schicksal ihrer Mitglieder bekanntmachen und zur Abhilfe anregen; sie wollen zum Bedenken der Wirklichkeit im Licht des Glaubens anleiten, und sie sind das Material für Bitte und Fürbitte vor Gott. Mit diesem Interesse am realen Leben der Gemeinde ist zugleich ein nichtpraktisches, idealisierendes und vertröstendes Verstehen der Bibel kritisiert und als „unbiblisch" abgewiesen. In diesem „narrativen Ansatz" entsprechen die beiden Bücher übrigens sehr deutlich der Grundstruktur der Klagelieder in den alttestamentlichen Psalmen (z. B. Pss 3; 5; 22; 25; 102; 143), die auch auf diese beiden Elemente aufbauen: Erzählen der Situation in der Gemeinde und Anruf Gottes.

Natürlich können diese Beispiele aus den Gemeinden der dritten Welt nicht ohne weiteres auf unsere westeuropäische Situation übertragen werden; aber für unseren eigenen Umgang mit der biblischen Überlieferung können wir zumindest zweierlei lernen:

– Zunächst die Methoden des situativen Verfremdens und damit Neu-Lesens durch Bewußtmachen der heutigen Lage und die Einbettung der Bibeltexte in entsprechende Arrangements;
– vor allem aber die Entschiedenheit des praktischen Lesens und die Einsicht, daß die Bibel nicht verstanden ist, wenn sie nicht vom Standort der Armen aus gelesen wird.

b) Situative Veränderung bei uns

Auch in unserem Lebenszusammenhang muß die situative Verfremdung bei der Erkenntnis ansetzen: Unsere Lebensverhältnisse widersprechen den Freiheitsimpulsen der Bibel. Die
Schwierigkeit ist aber, daß dieser Widerspruch nicht so offen zu
Tage liegt wie in den Drittwelt-Ländern. Die Leser oder Hörer
müssen also zuerst dafür sensibilisiert werden. Dazu bedarf es
starker Anreize, die durch ein entsprechendes Arrangement um
den Text herum ausgelöst werden.

In der Bundesrepublik ist diese Methode vor allem im Zusammenhang mit neuen Gottesdienstformen ausgebaut worden, insbesondere durch das „Politische Nachtgebet". Diese seit Ende
der sechziger Jahre in Köln durchgeführten Gottesdienste hatten
eine kritische Stoßrichtung und wollten zur Veränderung als
inhuman erkannter Verhältnisse und Denkweisen beitragen
(Sölle/Steffensky, 1969, 1 + 2).

Einer der ersten Gottesdienste war von der Besetzung der CSSR
durch die Sowjetunion angeregt worden; das Thema lautete:
„CSSR – Santo Domingo – Vietnam" (Band 1, S. 13ff.). Der
Gottesdienst weist in Aufbau und Gestaltung interessante Paral-
lelen zu den aus Lateinamerika berichteten Beispielen auf:

1.26

1) Bericht über die CSSR
2) „Christus spricht: Ihr habt gehört, daß zu den Alten gesagt ist: ‚Du sollst
nicht töten'. Ich aber sage euch: Jeder, der seinem Bruder zürnt, soll dem
Gericht verfallen sein. Wer aber zu seinem Bruder sagt: ‚Du Null!', soll dem
Hohen Rat verfallen sein. Wer aber sagt: ‚Du Tor!', der soll der Hölle mit
ihrem Feuer verfallen sein." (Mt 5,21 + 22)
Heute heißen diese Worte Jesu:
Ihr habt gehört, daß seit einiger Zeit gesagt wird, ihr sollt nicht Krieg führen
und beim Völkermord mittun. Wer aber zu den Mördern gehört, der wird
verurteilt werden. Ich aber sage euch: Wer auch nur denkt, daß die
Kommunisten jetzt ihre Maske fallengelassen haben, so daß Entspannungs-
politik falsch ist, der macht sich schuldig. Und wer jetzt wieder in den

östlichen Nachbarvölkern den brutalen Untermenschen sieht, der ist kein Christ mehr...

Christus spricht:

,Was siehst du aber den Splitter in deines Bruders Auge, des Balkens in deinem Auge wirst du nicht gewahr?'..." (Mt 7,5)

3) Bericht über Santo Domingo

4) Bericht über Vietnam

5) Sündenbekenntnis

....

„Wir haben gelernt worauf es ankommt
auf die ordnung die darin besteht
daß die produktion läuft und die studenten büffeln
die schüler parieren die gammler sich waschen
die kirchen beten und sich nicht einmischen
wir haben nicht gelernt worauf es ankommt
daß ein christliches leben ohne politisches handeln eine heuchelei ist
daß jeder religiöse satz zugleich ein politischer sein muß
daß in den generalstäben und planungsbüros über christus entschieden wird."

6) Gemeinsames Lied: Sonne der Gerechtigkeit...

7) Ansprache

8) Gebet

9) Glaubensbekenntnis

„Ich glaube an Gott
der die Welt nicht fertig geschaffen hat
wie ein Ding das immer so bleiben muß
...."

Alle „Politischen Nachtgebete" und viele andere an diesem Vorbild ausgerichtete Gottesdienste weisen die hier gezeigten Grundelemente auf: Bericht – Bekenntnis – Bibeltext – Gebet – praktisch-politisches Engagement. Der Bibeltext gewinnt durch den Kontext in der Situation dieses Gottesdienstes ein ganz neues Profil. Nicht die alltäglichen Umgangsweisen werden kritisiert, die man ja auch mehr oder weniger verharmlosen kann, sondern die öffentlichen Vorurteile, die letztlich Krieg wieder möglich machen. Dies unterstreicht im Beispiel zusätzlich die Verfremdung des Textes selbst.

Ähnlich kontrastierende Arrangements finden sich heute in vielen Religionsbüchern und Materialien für die Jugendarbeit. Sie bieten oft auch Zusammenstellungen an, die mehr von Themen und Konflikten aus dem Erfahrungsbereich der Schüler ausgehen.

Ein Religionsbuch für die Grundschule (Weitersagen. Religion 3/4. 1978) arrangiert beispielsweise im Kapitel „Gerechtigkeit" folgende Elemente:

1) Bildgeschichte: Klassenreise als Konfliktanlaß
2) Gleichnis vom gütigen Weinbergbesitzer (Mt 20,1–15)
3) Bildgeschichte: Rivalisierende Kinder
4) Erläuterungen und Impulse zum Bibeltext
5) Paraphrasierende Nacherzählung des Gleichnisses
6) Zusammenstellung kleiner Konfliktfälle, in denen es um gerechtes Verhalten von Kindern und Erwachsenen geht
7) Leserbrief aus einer Zeitung gegen die kostenintensive Einrichtung von Bildungseinrichtungen für Lernbehinderte (mit Gesprächsimpulsen)

Indem die biblische Geschichte in dies Geflecht von Erfahrungsberichten und Konfliktschilderungen einbezogen ist, kommt sie aus der Ferne unverbindlicher Erbaulichkeit heraus. Sie kann scheinbar normale und vernünftige Verhaltensweisen problematisieren, muß sich aber auch selbst der Frage aussetzen, ob sie in diesem Konfliktfeld als Orientierungshilfe taugt.

Im Kapitel V „Werkstatt Verfremden" werden wir weitere Möglichkeiten der situativen Verfremdung zeigen.

III DIE VISUELLE VERFREMDUNG

Einen besonderen Bereich der Verfremdung bildet der visuelle. Grundsätzlich unterscheidet er sich nicht vom verbalen Verfremdungs-Geschehen, doch die spezifischen Gestaltungsprozesse legen die Besprechung in einem eigenen Kapitel nahe.

Die vier hier vorgestellten Grundformen der visuellen Verfremdung beziehen sich auf das gleiche biblische Thema: Leiden Jesu – Passion. Wir gehen jeweils von einer gründlicheren Besprechung eines Beispiels aus und skizzieren dann einige weiterführende Überlegungen.

Bildende Kunst

1. Zu einer Grafik von Hans-Peter Lübke

Die Grafik ist sehr spannungsreich angelegt. Einmal dominiert der Hell-Dunkel-Kontrast: Dunkle Flächen und kleinere Bildzeichen heben sich kräftig von hellen, ruhigen Flächen ab. Dadurch kommt es zu einer deutlichen Raumwirkung; die dunklen Bildzeichen gewinnen fast plastische Qualität. Die Lichtwerte sind differenziert abgestuft.

Ein zweites dominierendes Element ist die Formalstruktur der Bildzeichen. Das Grundmuster bildet rechteckige helle und dunkle Flächen, die teilweise fast wie durch eine Rahmung streng voneinander abgegrenzt sind. Auf diesen geometrisch klaren Grund ist ein Ensemble unruhiger Zeichen gesetzt. Am linken Bildrand beginnt eine Folge langer und kurzer balkenartig verdickter Linien, fast wie breite Pinselstriche gesetzt. Ihr Rhythmus drängt zur Bildmitte hin, wo sie auf eine Gruppe anderer dunkler Bildzeichen treffen. Die unscharf abgegrenzten und

Hans-Peter Lübke, Kreuz im Alltag. 1984. 21,5 × 19,6 cm. Aquatinta und Absprengtechnik

zerrissenen Flächen in diesem Bereich können sich vielleicht zur Form eines Korpus ordnen. Seitlich sind sie durch leicht gebogene senkrechte Linien begrenzt – die Bildmitte scheint in Parenthese gesetzt; oder fügen sich die gebogenen Linien zu einer Mandorla, der mandelförmigen Christus-Gloriole, wie sie aus der ikonographischen Tradition bekannt ist?

Zum rechten Bildrand hin setzt sich der Rhythmus der senkrechten dunklen Bildzeichen fort.

So gewinnt die Graphik eine starke Dynamik aus der Spannung zwischen Hell und Dunkel, großen und kleinen Bildzeichen, der Horizontalen und Vertikalen, Ruhe und Bewegung.

Erst beim näheren Hinschauen entdeckt der Betrachter die Kreuzform; sie hebt sich als ruhige helle Fläche aus dem dunklen Grund heraus. Der Künstler hat sich auf den Ausschnitt aus dem traditionellen Kreuzsymbol konzentriert, wo am Kreuzungspunkt zwischen Senkrechter und Waagerechter die stärkste Spannung herrscht. Das Kreuz ist nicht genau im Zentrum der Graphik plaziert, sondern leicht nach rechts verschoben; jetzt fällt auch auf, daß die „Parenthese-Gruppe" von Bildzeichen ebenfalls von der Mitte nach rechts driftet. Alles ordnet sich der kräftigen Bewegung auf der Horizontalen von links nach rechts zu. Nur das Zeichen oben, das an einen Kranz erinnert, entzieht sich dieser Bewegung.

Bevor wir versuchen, die Graphik auf eine mögliche inhaltliche Aussage hin zu befragen, prüfen wir, welchen Stellenwert das Kreuzsymbol im allgemeinen Bewußtsein einnimmt. Hier werden wir mit zwei fast gegenläufigen Tendenzen rechnen müssen:
– Soweit das Kreuz das Ganze der Passion Jesu repräsentiert, ist es von dem gleichen Realitätsverlust betroffen wie der christliche Glaube überhaupt: Das Kreuz ist eher im engen Raum privater Innerlichkeit und kirchlich temperierter Frömmigkeit beheimatet als im öffentlichen Leben.
Diese Isolation ist nur allzu oft verbunden mit einer fatalen Eindeutigkeit: Die kirchliche Lehre hat längst in Sätzen festgestellt, welche Bedeutung die Passion Christi für die Menschheit hat; aber: Lehre ist keine Nachricht, die bewegt.
– Daneben ist ein extensiver Gebrauch als Schmuckstück zu beobachten: Neben dem Tierkreiszeichen oder dem Glücksschwein dekoriert das Kreuz den Busen oder ziert das Fußgelenk.
In beiden Fällen ist das Kreuz-Symbol augenscheinlich nicht mehr in der Lage, das Leiden Jesu in seiner kritischen, verändernden und heilenden Kraft lebenswirksam zu repräsentieren.
Von dieser Konstellation muß ein Künstler ausgehen, der sich heute mit dem Kreuzsymbol auseinandersetzt.

Wie geht Lübke diese Aufgabe an?

Zunächst einmal, indem er den „fremden Blick" hervorruft: Weil das Kreuz zum allzu vertrauten Sakralgegenstand oder abgegriffenen Dekor verflacht ist, sorgt er dafür, daß es sich nicht auf den ersten Blick erschließt. Damit ist eigentlich schon der entscheidende Schritt der Verfremdungs-Arbeit getan. Nun ist der Betrachter zur Auseinandersetzung herausgefordert. Läßt er sich auf die in der formalen Analyse gezeigte bildimmanente Bewegung ein, dann wird er vom Rand in die Mitte des Kreuzes geführt; die aufgeregten Bildzeichen spiegeln die Unruhe und Zerrissenheit unseres Lebens.

Die Mitte des Kreuzes – auch sie hat Anteil an dieser Zerrissenheit. Da gibt es keinen abgegrenzten sakralen Raum, keine Eindeutigkeit im Sinne festgeklopfter Wahrheiten aus dem Lehrbuch. Und doch kommt es in der Mitte des Bildes zum Innehalten, zur Konzentration auf den inneren Raum. Will der Betrachter hier die Gestalt des Gekreuzigten erkennen – oder findet er sich selbst wieder in den möglichen Umrissen einer Gestalt?

Der Betrachter ist angeregt, nach der Gegenwart des leidenden Christus in unserer Welt zu fragen. Er erkennt: Christus nimmt in seinem Leiden Anteil an unseren Leiden, an unserer Zerrissenheit, er erleidet die Wunden unserer Zeit und begegnet uns mitten in unserem Alltag – solidarisch und stellvertretend. Dieser Ort der Begegnung ist nach unten und oben hin offen: Vielleicht können wir dies als ein Angebot der Sinnfindung deuten. Aber es ist nicht möglich, stehenzubleiben . . . die Bewegung geht weiter . . . auf der Waagerechten . . . wieder in den Alltag hinein. Aber auch das Kreuz bleibt nicht statisch, es ist selbst in Bewegung – der leidende Christus ist mit auf dem Weg.

So gewinnt Lübke durch seine spezifische Bildsprache dem Kreuz eine neue Dimension ab. Er sichert es nicht nur durch den „fremden Blick" gegen fatale Eindeutigkeit und Sinnentleerung; er regt den Betrachter auch an, die Unrast und Zerrissenheit seines Alltags mit der Passion Jesu in Verbindung zu bringen. Dies hebt die Zerrissenheit nicht auf und führt den Betrachter auch nicht aus seiner Welt heraus. Aber er könnte in seinen eigenen bedrückenden Erfahrungen die tröstliche Gegenwart des Herrn erleben und sich vielleicht gestärkt wieder auf den Weg machen.

Diese Botschaft ist viel unscheinbarer als viele Lehr- und Bekenntnissätze zur Passion; aber von diesem „Kreuz im Alltag" könnten Impulse zur Lebensorientierung und Weltveränderung ausgehen.

2. Kunst ist Verfremdung

Jede ernstzunehmende Kunst ist Verfremdung ihres Gegenstandes – das gilt nicht zuletzt auch für Kunst, die sich mit christlichen Inhalten beschäftigt. Diese Verfremdung entsteht durch die autonome Formsprache des Kunstwerks und die eigenständige Auffassung des Gegenstandes. Das unterscheidet Kunst von Illustration. Diese will den Gegenstand abbilden, deutlich veranschaulichen, anregend ausmalen; sie vermittelt nichts Neues über die Sache.

Wo „christliche Kunst" nur so aufgefaßt wird, weist man ihr degradierend diese Rolle der Illustration vorgegebener biblischer Inhalte und festgestellter Glaubenswahrheiten zu. Damit ist sie aber um ihre Chancen gebracht; denn erst die eigenständige künstlerische Auseinandersetzung kann noch unentdeckte oder verschüttete Ansichten des Gegenstandes ans Licht bringen.

Das beweist die besprochene Graphik: Sie macht das Kreuz fremd gegenüber Abnutzung und Sinnerosion und arbeitet mit ihren Mitteln Aspekte der Passion heraus, die uns bewegen.

Überhaupt ist fast die gesamte künstlerische Produktion unseres Jahrhunderts, sofern sie sich mit christlichen Gegenständen beschäftigt, auf die Passions-Thematik konzentriert (vgl. Rombold/ Schwebel, 1983; Harbarth, 1981). Sie stellt sich fremd gegenüber konventionellen Bildern von einem unirdischen Christus, begreift ihn als den exemplarisch und solidarisch mit und für uns Leidenden und stellt damit unsere gewohnten Sichtweisen grundsätzlich und produktiv in Frage.

Eines der radikalsten Beispiele ist vielleicht der 1970 entstandene

Zyklus „Scandalum Crucis" von Herbert Falken. Kompromißlos in formaler Gestaltung und inhaltlicher Auffassung stellt der Maler das Leiden Christi in unsere Zeit: Auschwitz – Mauer – „Gott ist tot"! (Beispiele in Rombold/Schwebel).

Die in den Themenbänden angebotenen künstlerischen Darstellungen wurden in Rücksicht auf die Chancen des „fremden Blicks" ausgewählt. Wenn beispielsweise die „Madonna im Rosenhag" von Henri Matisse (2.30) das traditionelle Motiv in der Spannung zwischen heiterem Blumensymbol und Kreuz (durch Körpersprache ausgedrückt) auffaßt, dann kommt es zur Verfremdung der gewohnten und erwarteten Idylle, ein Denkprozeß über die Menschwerdung Jesu als Beginn der Leidensgeschichte kann einsetzen. – Besonderes Gewicht wird auf Kunst aus Drittweltländern gelegt, um den doppelten Verfremdungs-Effekt auszulösen: Zu der kunst-eigenen Verfremdung kommt die neue Perspektive durch die anderen Lebensverhältnisse hinzu.

Die Karikatur

1. Zu einer satirischen Zeichnung von F. K. Waechter

Die Karikatur zur Passion wählt das typische Darstellungsmittel des Kontrasts, um ihre Aussage ins Bild zu setzen. Zwei junge Männer gehen offenbar von Tür zu Tür, die Bibel in der Hand. Sie treiben Mission: Der eine reißt den Mund weit auf, um die Botschaft kräftig zu sagen, der andere wirbt mit einem gewinnenden Lächeln. Die beiden missionieren mit einem Spruch, der deutlich floskelhaft geprägt ist: Er fügt zwei vorfabrizierte Erbauungssätze zusammen („. . . Zuversicht ins Herz pflanzen" und „. . . Christus auch für Sie gestorben . . ."). Und nun der Adressat: Die Gestalt ist mit den typischen Merkmalen des saturierten jovialen Bürgers gezeichnet, der die Missionare freundlich, aber deutlich an der Tür abfertigt. Auch er benutzt eine Floskel:

„...der ist für mich gestorben...", sagt man von jemand, mit dem man nichts mehr zu tun haben will. Der bitterböse Witz kommt durch das Aufeinanderprallen der beiden Floskeln aus dem religiösen und dem umgangssprachlichen Bereich zustande: Jesus Christus ist schon längst keine Realität mehr!

Die Karikatur verfremdet eine vertraute Situation – die beiden jungen Männer stehen ja durchaus für die religiöse Verkündigung überhaupt – und eröffnet mit ihren visuellen und sprachlichen Mitteln eine Reihe provozierender Fragen:
– Wie kommt es zur totalen Un-Kommunikation? Liegt es nur am Unverständnis (und Unglauben) des Biedermanns? Oder hängt es auch mit den jungen Männern zusammen, die nichts von sich selbst und ihrer Beziehung zu Christus erzählen können, sondern nur versuchen, gestanzte Wahrheiten „an den Mann zu bringen"?
– Bezogen auf die Kirche als Verkündigungseinrichtung: Kann sie überzeugend von Christus und seinem Leiden für uns sprechen? Haben die Christen selbst einen Lebensbezug, der solches Sprechen erst glaubwürdig macht?

2. Die Karikatur als Medium der Verfremdung

Die Karikatur ist eine der stärksten Waffen gegen festgefahrene Seh-Gewohnheiten und erstarrte Denk-Schablonen (Ausführlich dazu: Berg/Berg, 1981, S. 57–127). Das hängt mit ihren charakteristischen Merkmalen zusammen:
– Die Verzerrung der dargestellten Personen und Gegenstände stört unsere Sehgewohnheiten und weckt die Aufmerksamkeit;
– das in der Regel recht knappe Zeichenrepertoire konzentriert die Aufmerksamkeit auf den springenden Punkt;
– die Stilmittel der Übertreibung und des Kontrasts unterstützen die scharfe Charakterisierung der Situation und regen zur Auseinandersetzung an.
Im Gegensatz zum gezeichneten Witz, der nichts als unterhalten will, ist es das Interesse der Karikatur, auf problematische Zusammenhänge aufmerksam zu machen und sie ins Licht der Kritik zu stellen. So entlarvt der Zeichner in dem eben besprochenen Beispiel, daß die beabsichtigte Mission mißlingen muß, weil augenscheinlich keiner der Beteiligten eine persönliche Beziehung zu Christus und zu seinem Gesprächspartner hat.
Die Entlarvung, der sich die Karikatur verschreibt, ist die Vor-

aussetzung für eine kritische Auseinandersetzung und Veränderung.

Die Karikatur verfolgt also ganz ähnliche Interessen wie die Verfremdung insgesamt und bietet sich daher als hervorragendes Medium an. Dafür noch ein Beispiel aus Band 2 (2.48):
Niemand regt sich mittlerweile mehr ernsthaft auf, wenn in einer sich christlich nennenden Welt pausenlos Krieg geführt wird – auch der Elan der Friedensbewegung hat ja deutlich nachgelassen. Wenn nun der Zeichner Luis Murschetz in seiner Karikatur „Ein Störfall" einen Soldaten mit Maschinenpistole in einer Welt zeigt, die zu einem einzigen Schießstand geworden ist, dann ist das ein ebenso beklemmendes wie entlarvendes Symbol dieser gewohnten Verhältnisse. Der „Störfall": Maria und Josef, mit dem Kind auf der Flucht nach Ägypten, ziehen durch den Schießstand und unterbrechen für einen Augenblick das mörderische Geschäft.

Die Karikatur entlarvt den grellen Widerspruch zwischen einer bürgerlich neutralisierten Christlichkeit und faktischem Verhalten, indem sie das christliche Friedenssymbol als Fremdkörper in unsere Welt stellt.

Natürlich ist die Passion als Gegenstand der Karikatur, wie im Beispiel 1.28 gezeigt, besonders heikel. Das zeigt exemplarisch der Prozeß gegen George Grosz, den wir schon im Zusammenhang mit der provozierenden Wirkung der Karikatur ansprachen (s. o. S. 38 f.). Dabei greift die Karikatur nicht den Gekreuzigten an, sondern sie deckt den Mißbrauch des Kreuzes auf. (Dazu liegt eine Dia-Serie mit Karikaturen vor: Berg, 1979.)

Die visuelle Montage

1. Zu einer Montage von Peter Schimmel (siehe S. 98/99)

Die Montage benutzt wieder den Kontrast als dominantes Stilmittel. Die Kunsttheorie bezeichnet das angewendete Verfahren als „Disjunktion", d. h. als Zusammenfügen von Bildzeichen, die eigentlich nicht zusammenpassen. Der Zeichner behauptet etwas, was unmöglich ist.

In unserem Beispiel (Die Idee zu dieser Montage stammt von F. K. Waechter, der sie bei einer Krippen-Szene von A. Dürer angewendet hat.) haben wir auf der einen Seite eine Darstellung der Passion von Albrecht Dürer. Schnell ordnen wir sie in gewohnte Wahrnehmungsmuster ein: Dürer – bekannter christlicher Künstler – Passion – gehört in die Passionszeit . . .; das sind eingespielte Wahrnehmungsmechanismen.

Völlig konträr dazu steht die in das Bild einmontierte Szene: ein Kamerateam nimmt das Geschehen auf. Auch dies ist ja ein gewohntes Bild, aus der Welt der Massenmedien allen bekannt. Die Disjunktion kommt eben durch das Zusammenfügen der beiden Elemente zustande – und durch den Text. Weil etwas nicht stimmt (die „Einstellung"!), verlangt der Kameramann die Wiederholung!

Diese Montage dürfte zunächst einmal Verwunderung auslösen, vielleicht auch Ärger über die scheinbar müßigen Spielchen mit ernsten Dingen; möglicherweise erkennt manch einer in der Darstellung auch einen Angriff auf Christus.

Nehmen wir aber die Provokation an, so kommt eine Reihe von Fragen auf, mit denen die Auseinandersetzung lohnt:

– Was ist uns eigentlich wirklich wichtig am Leiden Christi? Welche „Einstellung" haben wir selbst? Wie würde heute die Hinrichtung Jesu vor sich gehen?

– Wie verhalten wir uns, wenn die Massenmedien Ereignisse schamlos vermarkten, die für die Betroffenen tiefes Leid bedeuten?

1.29

„Tut mir leid, Jungs, irgendwas stimmt mit der Einstellung nicht."

– Sind wir noch zu echtem Mit-Leid fähig, oder ist unsere Beziehungs- und Teilnahmsfähigkeit durch Reizüberflutung schon abgestumpft?

2. Visuelle Montage als Mittel der Verfremdung

Diese Methode wird verhältnismäßig selten angewendet, weil sie – so scheint es – technisch schwer zu handhaben ist. Aber sie wirkt oft ungemein intensiv; sie kann vielleicht noch besser als der Verfremdungs-Text eingespielte und damit unproduktive Beziehungen zwischen Bibeltext und heutigem Leser aufreißen.

Besonders aufregendes Material – vor allem auch zur Passionsthematik und Kreuzessymbolik – findet sich bei dem großen Begründer der Fotomontage, John Heartfield (Heartfield, 1971 und 1977). Das folgende Beispiel stammt aus dem Zyklus „Programm der Olympiade 1936" (Heartfield, 1971, S. 201 f.).

Acht Montagen sollten satirisch die Bemäntelung der NS-Bestialität durch die „Friedensbotschaft des Sports" entlarven: Da gibt es Disziplinen wie „Beilschwingen" (Henker-Justiz), „Rumpfbeugen" (KZ-Häftlinge) und eben das „Speerwerfen": Göring schleudert – in der Uniform der Nazis, dekoriert mit einem germanischen Helm – den Speer auf ein Kruzifix.

Der Künstler signalisiert durch die Montage: Die Nazis schrecken vor nichts zurück – nichts ist ihnen heilig – ihre Beteuerungen der Christlichkeit sind nichts anders als ein fadenscheiniges Mäntelchen, das die tödliche Brutalität des Regimes nicht verhüllen kann.

Auch bei Klaus Staeck, der in der Tradition Heartfields arbeitet, gibt es viele kritische Montagen zu religiösen Themen (Staeck, 1976; vgl.auch das oben gezeigte Beispiel 1.6).

Leider wird, wie gesagt, das Medium der visuellen Montage noch wenig genutzt; einige Vorschläge zum Gebrauch und zur eigenen Produktion werden wir in den nächsten Kapiteln vorlegen.

„Speerwerfen"

Visueller Kontext

Bei diesem Verfahren geht es darum, daß dem biblischen Text visuelle Medien so zugeordnet werden, daß ein Verfremdungs-Effekt entsteht. Hierfür bieten sich zahlreiche Realisierungsmöglichkeiten an. Darum verzichten wir darauf, ein einzelnes Beispiel genauer vorzustellen.

Um noch einmal bei dem für dies Kapitel gewählten Thema zu bleiben:

Zu Passionstexten könnten zunächst einmal alle visuellen Medien gestellt werden, die bisher besprochen wurden: Kunstwerke – Karikaturen – Bildmontagen. Daneben bieten sich vor allem Realfotos aus unserer Zeit an. Sie können alle Situationen ins Bild setzen, in denen heute Menschen erniedrigt, gefoltert, gemordet werden. Die spannungsvolle Zuordnung läßt Fragen aufkommen:

– Ist in diesen geschundenen Mitmenschen der für uns gemarterte und gekreuzigte Christus gegenwärtig? Wie lautet seine Botschaft für uns?

– Können diese Menschen das Leiden Christi als tröstendes und solidarisches Mit-Leiden erfahren?

Diese Methode der Zuordnung von Bibeltext und visuellem Kontext in Realfotos haben einige Bibelausgaben überzeugend eingelöst (z. B. Bannach, 1964 a + b; Kuhn, 1979; Unser Leben – Sein Wort, 1980). Immer geht es darum, daß die Fotos zeigen, wo die biblische Botschaft heute von unserer Realität verleugnet und durchkreuzt wird – wo wir zum Engagement herausgefordert sind.

IV ZUR ARBEIT MIT BIBELVERFREMDUNGEN

Die in den Themenbänden „Biblische Texte verfremdet" angebotenen Texte und Bilder sind zunächst einmal für den persönlichen Gebrauch bestimmt, mit dem Ziel, daß sie neue lebendige Auseinandersetzungen mit der biblischen Überlieferung selbst anstoßen. Jeder wird eine eigene Methode für die Beschäftigung mit Bibelverfremdungen finden. Die folgenden Hinweise wollen dabei unterstützen.

Vorschläge zur Auseinandersetzung mit
Bibelverfremdungen
1. Was löst die Verfremdung bei mir aus?
   (Freude – Zustimmung – Ärger – Protest – Ekel . . .)
   Was bewirkt diese Reaktion?
2. Was hat die Verfremdung am Bibeltext verändert?
   (Zeit – Ort – Personen – Form – Inhalt – Ziel . . .)
3. Welche Gründe könnten den Autor zu diesen Änderungen bewogen haben?
   Was würde ich anders machen?
4. Welche neuen Gedanken über den Bibeltext, über den Glauben oder über mich selbst hat die Beschäftigung mit der Bibelverfremdung angeregt?

Ihrer Art nach sind Verfremdungen nun nicht so sehr Konsumware, die zum Gebrauch einladen, sondern eher Halbfertigware, die zum Weitertun anregen will. Darum schlagen wir vor, die Bände „Biblische Texte verfremdet" als Grundstock einer eigenen Sammlung zu verwenden. Vielleicht wäre es ein guter Anfang, einmal in der Weihnachtszeit Kontrastmedien (Texte und Bilder) zur „Weihnachtsgeschichte" zu sammeln, nach anderen Verfremdungstexten Ausschau zu halten und das alles in einem kleinen Album zusammenzustellen. Vielleicht regt das dann zu eigenen Gestaltungsversuchen an.

Vor allem richtet sich dieses Kapitel aber an Benutzer von Bibelverfremdungen im beruflichen Interesse: Lehrer, Pfarrer, Jugendarbeiter, Erwachsenenbildner.

Gelegentlicher Einsatz von Bibelverfremdungen

Immer wieder einmal wird sich ein Anlaß bieten, einen Text oder ein Medium einzusetzen, das einen Bibeltext verfremdet. Dabei müßten jedoch zwei Merkmale der Verfremdung beachtet werden:

– Erst der Vergleich mit der biblischen Vorlage bringt ihre Wirkung voll zur Entfaltung; wenn diese nicht sehr bekannt ist oder die Verfremdung einen größeren, bekannten Zusammenhang verknappt, ist die Gegenüberstellung mit dem Bibeltext angezeigt.

– Sie erschließen sich oft noch nicht beim ersten Hören oder Lesen, sondern lösen Unverständnis bzw. Abwehr aus, so daß es nicht zu einer Pro-vokation kommt, sondern der Partner sich verschließt.

Bei gelegentlichem Einsatz von Verfremdungen sollte deshalb geprüft werden, ob die jeweilige Situation die Berücksichtigung dieser Merkmale ermöglicht. In der Predigt beispielsweise, die keinen Austausch zwischen Sprecher und Hörer zuläßt – jedenfalls nicht im Normalfall – sollte eine Verfremdung nur dann eingesetzt werden, wenn sie folgende Bedingungen erfüllt:

– Sie sollte im Anspruchsniveau nicht zu hoch sein, da sie in der Regel nur vorgelesen wird und der Hörer nicht die Möglichkeit hat, den Text in Ruhe aufzunehmen;

– der Grad der Provokation sollte nicht zu stark dosiert sein, um den erwünschten Dialog nicht von vornherein zu blockieren;

– die biblische Vorlage sollte, wie gesagt, möglichst bekannt sein, damit der Hörer den Vergleich vornehmen und damit die Verfremdung als produktive Veränderung wahrnehmen kann.

Diese Hinweise sollten auch bei gelegentlichem Einsatz von Verfremdungstexten bei anderen Anlässen als der Predigt bedacht werden.

Methodische Einführungen

Die weitaus effektivste Nutzung erschließt sich aber erst bei einer gezielten mehrstufigen Einführung in die Arbeit mit Bibelverfremdungen, etwa in einer Folge von Gemeindeabenden, einer Seminarreihe oder einer Unterrichtseinheit.

Die folgenden Vorschläge sind in drei Stufen in Form von „Bausteinen" konzipiert. Sie bieten viele der in Kapitel I–III entwickelten Reflexionen und Informationen noch einmal didaktisch aufbereitet an.

Die zehn Bausteine sind keineswegs als ein Programm zu verstehen, das Punkt für Punkt abzuhaken wäre. In jedem Fall wird je nach Ausgangslage und Interessen auszuwählen sein. Für jeden „Baustein" wird mindestens eine Zeit von 90 Minuten zu veranschlagen sein. Eine Folge von Veranstaltungen sollte wohl fünf bis sechs nicht übersteigen.

Die wichtigste Chance der Arbeit mit Verfremdungen ist, daß die Teilnehmer aktiviert werden. Ihre meist passive Rolle als „Hörer des Worts" kann aufgebrochen werden zugunsten einer eigenständigen Auseinandersetzung mit biblischer Überlieferung.

Damit dies gelingt, muß auch der Leiter bzw. Lehrer seine gewohnten Verhaltensmuster überprüfen: Die Rolle des Kenners und (allein) aktiven Gestalters sollte sich in die des Anregers und Moderators wandeln. Damit schließt sich der vorgeschlagene Umgang mit Verfremdungen den neuen Ansätzen zur Bibelarbeit in der Gemeinde an, von denen vielleicht die wichtigsten Impulse für eine Erneuerung erwartet werden können (vgl. die vorzügliche Darstellung bei Vogt, 1985).

1. BAUSTEIN
Zur Bedeutung der Bibel heute

Hier sollte nicht darüber gesprochen werden, welche Bedeutung und welches Gewicht der Bibel eigentlich zukommt, sondern welche praktische Bedeutung sie heute tatsächlich hat. Das kann in bezug auf verschiedene Gruppen und unterschiedliche Lebensbereiche untersucht werden.

Als geeignete Methode bietet sich die Umfrage an. Schüler und Jugendliche werden sich wahrscheinlich gern an der Vorbereitung, Durchführung und Auswertung einer solchen Umfrage beteiligen. Mögliche Differenzierungen:

– Nach Gruppen: Junge, Alte, Kirchgänger, Männer, Frauen ...

– Nach Lebensbereichen: Privates Leben – Zusammenleben in der Familie, mit Freunden – Öffentliches Leben, Politik.

Dieser Baustein soll den Teilnehmern ein gewisses Problembewußtsein dafür vermitteln, daß die faktische Bedeutung der Bibel durchaus nicht selbstverständlich ist; sie werden erfahren, daß für viele die Bibel ein „stummes" Buch geworden ist; vielleicht wird es sogar möglich sein, in der Gruppe ein ehrliches Gespräch über den eigenen Umgang mit der Bibel zu führen. In der Diskussion über mögliche Gründe des Bedeutungsschwunds der Überlieferung sollte auch der Begriff „overfamiliar" eingeführt werden (s. o. S. 18 ff.).

2. BAUSTEIN
Die Bibel – ein Text aus Texten

In diesem Baustein geht es um einen Blick in die Werkstatt der biblischen Schriftsteller. Dafür bieten sich vorzugsweise synoptische Texte an: Die Teilnehmer bekommen einen Auszug aus einer Evangeliumssynopse in die Hand, stellen zunächst eigene Beobachtungen an, erhalten eine Einführung in die Geschichte der synoptischen Tradition und könnten diese Informationen dann an weiteren Texten erproben. Da es in diesem Zusammenhang vor allem um einen Einblick in die Überlieferungsprozesse geht, sollte nicht an einem Text gearbeitet werden, der schwierige theologische Probleme aufwirft (z. B. Wundererzählungen, Auferstehungstexte), sondern es sollten inhaltlich leichter zugängliche Schriftstellen gewählt werden.

In diesem Baustein können die Teilnehmer einen Eindruck davon gewinnen, daß die Bibel kein monolithischer Block ewig-zeitloser Wahrheiten ist, sondern ein Versuch, in der jeweiligen geschichtlichen Situation die Antwort des Glaubens zu formulieren.

---

3. BAUSTEIN
Eine Geschichte macht Geschichte

Dieser Baustein greift noch einmal die These auf, daß die innerbiblischen Traditionsprozesse oft nichts anderes als Verfremdungen des überkommenen Zeugnisses sind. Das leuchtet ein, wenn einmal die Veränderungen nachgezeichnet werden, die ein Überlieferungsstück im Alten Testament erfahren hat.

Zu den zentralen Heil- und Erwählungstexten des Alten Testaments gehören die Erzählungen von der Befreiung aus Ägypten (Exodus), speziell von der wunderbaren Rettung am Schilfmeer (Ex 14). Die Exodus-Tradition hat nun eine ungemein spannende Wirkungsgeschichte innerhalb der Bibel nach sich gezogen. Weil diese nicht so bekannt ist wie wahrscheinlich die synoptische Überlieferung, sehen wir uns einige charakteristische Stationen dieser Überlieferung an (vgl. Exeler, 1975, vor allem S. 133ff.). Die Exodus-Geschichte ist zentraler Inhalt vieler Dank-Liturgien in den Psalmen (ein schönes Beispiel ist Ps 136,10−16; vgl. Ps 81 u. v. a.). Neben dem Lobpreis hatte der Rückblick auf den Exodus in den Psalmen auch die Funktion, Jahwe in Notsituationen an seine vergangenen Heilstaten zu erinnern und ihn zum erneuten Eingriff in der Gegenwart zu bitten, wie Ps 80,9ff. zeigt.

Schon bald mischen sich in Lob und Bitte aber auch die Warnungen:

„Sie vergaßen seiner Taten,
seiner Wunder, die er sie schauen ließ.
Vor ihren Vätern hatte er Wunder getan
im Land Ägypten, in Zoans Gefilde."

Darum gilt:

„Sie sollen nicht werden wie ihre Väter,
ein widerspenstiges und trotziges Geschlecht,
ein Geschlecht, dessen Herz nicht fest war
und dessen Geist nicht treu zu Gott hielt."

Ps 78,11 u. 8

Diese Linie der kritischen Verarbeitung der Überlieferung nehmen die Propheten auf und radikalisieren sie.

Vor allem Hosea zeichnet Israels Geschichte als ein Geschehen, in dem Israel Jahwes Treue mit Untreue vergilt:

„Wie man Trauben findet in der Wüste,
so fand ich Israel;
wie die erste Frucht am jungen Feigenbaum,
so sah ich eure Väter.
Sie aber kamen nach Baal-Pegor
und weihten sich dem schändlichen Gott."

Hos 9,10

Der Kampf der Propheten gilt der falschen Sicherheit, die die geschichtliche Erwählung festhalten will, ohne sie durch ein entsprechendes Verhalten in der Gegenwart zu beantworten:

„Ist nicht Jahwe in unserer Mitte?
Nicht kommt Unheil über uns!"

Micha 3,11

Darum kehrt sich am Ende die Heils- in Unheilsgeschichte:

„Nur euch erwählte ich von allen Geschlechtern der Erde, *darum* suche ich alle eure Sünden an euch heim!"

Am 3,2

Erst der Prophet der Vergebung im Exil, Deuterojesaja, kann die überlieferten Befreiungsgeschichten wieder als Hoffnungsgeschichten verstehen; der alte Exodus wird ihm zum Unterpfand des erwarteten neuen:

„So spricht Jahwe, der einen Weg bahnte im Meer und einen Pfad in mächtigen Wassern . . .
Gedenkt nicht mehr der früheren Dinge, und des Vergangenen achtet nicht.
Siehe, nun schaffe ich Neues; schon sproßt es, gewahrt ihr es nicht? Ja, ich lege einen Weg durch die Wüste und Ströme durch die Einöde."

Jes 43,16ff.

Dieser Baustein ließe sich gut durch eine kleine Textsammlung realisieren, die die wichtigsten Belege zur Geschichte des Exodus-Themas enthält. Der Leiter bzw. Unterrichtende gibt die jeweils notwendigen Informationen; die Teilnehmer erarbeiten die typischen Merkmale in den einzelnen Phasen der Wirkungsgeschichte.

Die Teilnehmer erfahren bei dieser Arbeit, daß die biblischen Schriftsteller die Überlieferung nicht einfach von Generation zu Generation weitergereicht haben – wie versiegelte Pakete, die niemand öffnet – sondern das Wort hat Geschichte und macht Geschichte. Je nach Anlaß der geschichtlichen Situation ist eine neue Sprache zu finden. Dabei kann der produktive Umgang mit der Tradition soweit gehen, daß die ursprüngliche Stoßrichtung der Texte umgekehrt wird, um aus Wortbesitzern wieder Hörer zu machen.

Schon innerhalb der Bibel haben wir es mit Verfremdung zu tun, auch wenn der Begriff nicht fällt.

2. Stufe: Zum Verständnis von Bibelverfremdungen

Obwohl bei Bibelverfremdungen Form und Inhalt eng aufeinander bezogen sind, empfiehlt es sich, bei der Einführung zunächst einmal mehr den Akzent auf die Analyse der Verfremdungs-Methoden zu legen und die damit verbundenen Absichten zu besprechen (Baustein 4). In einem zweiten Zugang kann dann mehr das Gewicht auf der Frage liegen, wie sich die vertrauten Inhalte durch Verfremdungen verändern.

---

4. BAUSTEIN
Arbeit mit Verfremdungen
zu biblischen Themenkreisen (I)
Schwerpunkt: Verfremden als Methode

Diesen Ansatz wollen wir anhand eines Beispiels aus „Biblische Texte verfremdet" Band 3 durchspielen. Als Basistext wählen wir die bekannte Beispielerzählung vom „Barmherzigen Samariter" (Lk 10,30–37).
Deutlich lassen sich verschiedene Methoden der Bibelverfremdung erkennen:
– Verkürzung: z. B. 3.27; 3.32; 3.34
– Erweiterung: z. B. 3.29
– Veränderung in bezug auf Zeit und Raum: fast alle Beispiele
– Veränderung im Blick auf die Akteure: z. B. 3.26; 3.27; 3.29
– Veränderung im Blick auf Werte/Intentionen: z. B. 3.26; 3.29; 3.30; 3.34
– Veränderung der Form: Außer den visuellen Verfremdungen z. B. noch 3.29; 3.31
Auch die Absichten der Verfremdungstexte lassen sich gut erkennen:
– Der „fremde Blick" könnte durch die Graphik von Otto Pankok hervorgerufen werden. In einer irrealen Landschaft, die Hilflosigkeit und Grauen vermittelt, erscheint der unter die Räuber Gekommene als Frau.
– Vor allem sorgen auch die Verfremdungen aus dem Bereich der dritten Welt für einen erkenntnis-fördernden Abstand zum gewohnten Text (3.31; 3.33).
– Die schon im Gleichnis selbst und seiner Rahmenerzählung gezeigte „Blindheit" gegenüber dem Nächsten wollen vor allem aufdecken: 3.26; 3.30; 3.34.

– Die Verengung auf den Aspekt privater Mildtätigkeit könnten provozierend aufbrechen: 3.27; 3.28.
– Borniertheit und Heuchelei entlarven: 3.26; 3.29; 3.32.

---

5. BAUSTEIN
Arbeit mit Verfremdungen
zu biblischen Themenkreisen (II)
Schwerpunkt: Veränderung der Inhalte

Als biblisches Thema empfehlen wir „Geburt Jesu"; Materialien bietet „Biblische Texte verfremdet" Band 2. Drei inhaltliche Aspekte, die im Zusammenhang des Themas leicht übersehen werden, könnten mit Hilfe von Bibelverfremdungen geklärt werden:
– Die Herausnahme aller überirdisch-mirakelhaften Züge aus den Geburtserzählungen, die den Blick vernebeln, kann den Realitätsbezug verstärken; z. B. 2.25; 2.29.
– Menschwerdung Gottes bedeutet die Umwertung aller bisher geltenden Werte: z. B. 2.7; 2.9; 2.12.
– Die mit der Menschwerdung Gottes angefangene Vermenschlichung des Menschen und der Welt braucht unsere Mitarbeit: z. B. 2.5; 2.17; 2.28; 2.45.
Diese Einführung könnte vielleicht in der Vorweihnachtszeit in Form von drei bis vier Gemeindeabenden angeboten werden; sehr erwünscht wäre die Einbeziehung von Kunst als Medium der Verfremdung.

---

6. BAUSTEIN
Arbeit mit Verfremdungen
zu bestimmten biblischen Textsorten:
Gleichnisse und Psalmen

Gute Zugangsmöglichkeiten zu Bibelverfremdungen ergeben sich, wenn die biblischen Basistexte formal sehr deutlich und einheitlich geprägt sind. Der Leser kann genau beobachten, wie die Struktur mit neuem Sprachmaterial aufgefüllt wird; dies ist auch erfahrungsgemäß der beste Übergang zu eigenen Versuchen. Aus den vorliegenden Bänden „Biblische Texte verfremdet" bieten sich aus Band 3 die Verfremdungen zu Mt 25,31–46 an (3.13–3.24). Zuerst bearbeiten die Teilnehmer Verfremdungstexte, die die Formalstruktur der biblischen Vorlage sehr deutlich festhalten: 3.19; 3.23. Die Beispiele 3.21, 3.20 und 3.14 bilden dann den Übergang zu den freieren Umgestaltungen.

Im Blick auf Verfremdungen zu Psalm-Texten sei schon jetzt auf den demnächst erscheinenden Band 5 hingewiesen, der eine Vielzahl davon enthalten wird (vgl. auch Praxisvorschlag 2 in Kapitel V).

---

7. BAUSTEIN
Umgang mit biblischen Texten in Gemeinden der 3. Welt

Wie schon gezeigt, können von der Neuentdeckung in der Bibel in den Gemeinden der 3. Welt („Relectura-Bewegung" in Lateinamerika) besonders kräftige Impulse für ein neues Lesen auch in unseren Verhältnissen ausgehen („Situative Verfremdung").

Günstig wäre ein Einstieg bei ausgewählten Abschnitten aus dem „Evangelium der Bauern von Solentiname" (Cardenal, 1976; ergänzend: Schulz, 1982; Frenz, 1982). An diesen Texten können die Teilnehmer gut die Voraussetzungen und Prozesse der „Relectura" studieren. – In einem zweiten Schritt können dann ausgewählte Verfremdungen besprochen werden. Außer den Beispielen in diesem Band sind bisher folgende Texte und Bilder aus dem Bereich 3. Welt abgedruckt:

Band 2: 2.2; 2.7; 2.8; 2.12; 2.19; (2.29); 2.40; (2.45); 2.49
Band 3: 3.8; (3.10); 3.19; (3.31); 3.33; 3.46

Schließlich wäre an dem abgedruckten Beispiel aus *Vamos Caminando* (2.29) zu studieren, wie das Prinzip der „Situativen Verfremdung" methodisch eingesetzt wird (s. o. S. 81f.).

Im Zusammenhang mit diesem Baustein sollte keineswegs versäumt werden, darüber nachzudenken, wie eine Methode der „situativen Verfremdung" in unseren Verhältnissen angewendet werden könnte. Dazu legen wir auch noch einen Planungsvorschlag vor (s. u. S. 123 ff.).

---

8. BAUSTEIN
Verfremdung in der Kunst

Grundsätzlich gilt: jede ernstzunehmende künstlerische Auseinandersetzung mit einem biblischen Inhalt ist schon Verfremdung. Dies ist der Grund-Satz, von dem wir ausgehen. In diesem Zusammenhang ist es nicht möglich, detaillierte Vorschläge zu machen, wir müssen uns auf wenige Hinweise beschränken.

Ein schier unerschöpflicher Vorrat an Bildern steht in der seit einigen Jahren angebotenen „DiaBücherei Christliche Kunst" von Jörg Zink zur Verfügung; sie dürfte zumindest in den meisten Kreisbildstellen und kirchlichen Medienzentralen greifbar sein.

Zwei beliebte Methoden bei der Einbeziehung von Kunst in die religiöse Bildungsarbeit (und den Religionsunterricht) sollten wir allerdings ausschließen: das Vorführen vieler Bilder in Serie und den Vortrag vorgegebener besinnlicher Texte zu den Bildern (womöglich noch von einer Kassette abgespielt). Kunst – vor allem im Zusammenhang mit Verfremdung – verlangt geduldiges Hinschauen und klare Reflexion. Das hat nichts mit Zergliedern und Zerreden der Bilder zu tun; aber Kunst ist nun einmal keine Ware, die sich konsumieren läßt, sondern erschließt sich erst bei ernsthafter Auseinandersetzung.

Am besten werden zwei oder drei Bilder zu einem biblischen Text ausgewählt.

Zu Beginn sollten die Teilnehmer über den Bibeltext sprechen: Welche „Botschaft" hat er für sie? (Der Leiter/Lehrer hält sich in dieser Phase mit fachlichen Erklärungen zurück.) Die Ergebnisse sollten festgehalten werden, vielleicht auf einem Poster.

Dann werden die Bilder angeschaut. Die Teilnehmer äußern

zunächst spontan ihre Eindrücke. Anschließend gibt der Leiter einige historische und kunstgeschichtliche Hinweise (Informationen bei Zink), die Gruppe versucht eine gezielte Analyse: Welche „Botschaft" hält das Bild bereit? (Die Äußerungen immer am Bildbestand festmachen.)

In einem dritten Schritt ist der Vergleich mit den Überlegungen zum Bibeltext nötig: Welche neuen Gedanken und Anstöße ergeben sich aus den Bildern? Wenn nötig, kann der Leiter/ Lehrer jetzt noch einige kurze (!) Hinweise zum biblischen Text geben. Wichtig ist aber, daß kein Verstehenszugang als „richtig" oder „falsch" bewertet wird, sondern die Teilnehmer die verschiedenen Sichtweisen als Bereicherung der gewohnten Ansichten akzeptieren.

Anschließend könnten noch einmal die Bilder zum ruhigen Schauen gezeigt werden; vielleicht liest jemand den Bibeltext dazu.

---

9. BAUSTEIN
Provokation – Ärgernis oder Denkanstoß?

Da die emotionale Reizschwelle bei kritisch-satirischem Umgang mit religiösen Gegenständen offenbar besonders niedrig ist, sollte der Versuch gemacht werden, gemeinsam einige besonders provokative Verfremdungen zu bearbeiten, um Gesichtspunkte zur Beurteilung zu gewinnen.

Als Ausgangsmaterial schlagen wir den „Krippensermon" von Christine Busta aus Band 2 vor (2.25):

1.31

„Krippensermon für unsere Zeit

Behängt nur die Ställe mit Flitter!
Die Wahrheit ist glanzlos:
Fauliges Stroh, ein Brettertrog, tränendurchfeuchtet,

Ochs und Esel würden ihr Futter
daraus verschmähn.

Wachsam sitzen die Hirten am Grill,
es brutzelt die Nacht vom Geflügel.
Herodes kaut einen Zimtstern,
die Weisen sehn fern und schicken
Whisky nach Bethlehem."

Erster Stein des Anstoßes dürfte der scheinbare Nonsens-Stil des
zweiten Teils sein: Der Leser fühlt sich dupiert. Dazu kommt die
absurde Szenerie: Die Hirten beim Hähnchengrillen – Herodes
mit einem Zimtstern... Darf man so respektlos mit religiösen
Texten umgehen? Und schließlich fällt bei näherem Zusehen auf,
daß die aus der „Weihnachtsgeschichte" vertrauten Personen in
keiner Beziehung mehr zum Kind stehen – auch die Könige
bleiben vor dem Fernseher hocken und schicken lediglich ein
unverbindliches Präsent nach Betlehem.
Wie ist ein Zugang zu diesem Text möglich?
Der Schlüsselsatz zum Verständnis fällt augenscheinlich gleich
zum Auftakt:
„Behängt nur die Ställe mit Flitter!"
Diese Aufforderung ist natürlich ironisch gemeint; denn eigentlich müßte es heißen:
„Ihr behängt die Ställe mit Flitter!"
– will sagen: Vor lauter Festtagsglanz und Rummel nehmen wir
„den Stall von Betlehem" nicht mehr wahr; und eben damit
verdecken wir „die Wahrheit" der Menschwerdung Gottes: Die
reale Solidarität mit den Armen. Statt dessen halten wir uns an
den Flitter: Festliches Essen und Trinken – Weihnachtsgebäck –
Unterhaltung, in der Regel Fernsehen. Genau dies sind die
Tätigkeiten, die der Text den biblischen Personen zuschreibt.
Tatsächlich hält das Gedicht damit den Lesern einen Spiegel vor:
Ihr seid es, die sich so verhalten. Hätten die Hirten, die Weisen,
Herodes die gleiche Einstellung zur Menschwerdung Gottes wie
ihr, dann wären sie hocken geblieben, überhaupt nichts wäre
passiert – ein nur im Fall Herodes positives Ergebnis!

Es ist schon klar: Die satirische Spitze des Textes ist auf den Leser gerichtet, nicht auf die Bibel.

Jetzt kann die Auseinandersetzung beginnen. Fühlt sich der Leser getroffen? Sieht er sich herausgefordert, seine Verhaltensweisen zu überdenken?

So könnten die Teilnehmer an das Verständnis provokativer Verfremdungen herangeführt werden. In jedem Fall ist es wichtig, die Stoßrichtung von Satire zu erkennen und nicht vorschnell einen Angiff auf den Glauben zu wittern. Bei der Beurteilung sollte auch das Problem der gelungenen Provokation reflektiert werden (vgl. zum Ganzen den Abschnitt „In die Mauer der Überlieferung eine Bresche", S. 38f.).

Zur Weiterführung eignen sich:

Aus Band 2: 2.9; 2.44; 2.48

Aus Band 3: 3.18; 3.22; 3.26; 3.27; 3.29; 3.34; 3.35; 3.39

In Band 4 werden einige Texte abgedruckt, die in der Art der „Krippenrede" von J. Reding (s. o. S. 40ff.) fiktive Lebensläufe Jesu schreiben. Sie sind ebenfalls hervorragend geeignete Medien, um provokative Verfremdungen zu studieren.

Bei der Besprechung wird vermutlich immer wieder der Begriff der Lästerung oder Blasphemie fallen. Wir dürfen nicht übersehen, daß die Ehre Gottes wohl viel häufiger durch unser eigenes faktisches Verhalten gekränkt wird als durch einen provokativen Text oder eine satirische Zeichnung. Mit ätzender Schärfe hat diesen Gedanken der Pfarrer-Schriftsteller Kurt Marti gefaßt. In seinem Gedicht „Der ungebetene Hochzeitsgast" (Marti, 1985, S. 31) schildert er in den beiden ersten Strophen das Brimborium einer kirchlichen Prominenten-Hochzeit. Die dritte Strophe lautet dann:

„Sanft wie im Kino surrt die Liturgie
zum Fest von Kapital und Eleganz.
Nur einer flüstert leise ‚Blasphemie!'
Der Herr. Allein, Ihn überhört man ganz."

---

10. BAUSTEIN
Entwicklung eigener Verfremdungen

Da wir im folgenden Kapitel „Werkstatt Verfremdung" detaillierte Vorschläge für eigene Produktionen machen, soll jetzt nur eine Möglichkeit gezeigt werden, die mehr beobachtende Arbeit an Verfremdungen fortzuführen: Weiterentwicklung vorgegebener Verfremdungen.

Ausgangspunkt könnte die Besprechung vorgegebener Texte sein, wie in Stufe 2 vorgeschlagen. Die Teilnehmer hätten sich schon mit der Problematik beschäftigt und könnten sich an sprachlichen Vorgaben orientieren. Dies könnte sie wohl am besten zu eigener Produktivität motivieren.

V WERKSTATT VERFREMDEN

„Wir sollten alle zu Wortspielern werden!"

Diese Aufforderung von Rudolf Bohren (dem Sinne nach zitiert bei Zenetti, 1979, S. 10), dürfte sich bei allen, die sich mit Bibelverfremdungen beschäftigen, wie selbstverständlich einlösen; denn kurz über lang kommt jeder einmal zum eigenen Ausprobieren. Das ist gut, weil so die Chancen der Verfremdung voll genutzt werden. Wer eine eigene Produktion versucht
– erfährt, daß die Schrift Wort in Bewegung ist;
– wird vom passiven Hörer zum aktiven Gestalter;
– findet seinen eigenen Standort gegenüber der Überlieferung.
Die folgenden Hinweise wollen dazu ermutigen und anleiten.

Ein Vorschlag zum Verfahren

Stock (1974, S. 71 f.) schlägt unter Bezug auf die Kreativitätsforschung vor, mit einer „green-light-stage" zu beginnen, einer „Grünlicht-Phase", in der alle Einfälle für eine Neuproduktion möglichst spontan und ungehemmt geäußert werden. In einer „red-light-stage" müsse dann geprüft werden, was die Ideen taugen, ob der neue Text dem alten adäquat sei usw.
Demgegenüber schlagen wir einen Dreischritt vor, der eine erste Rotlicht-Phase vorschaltet, in der die Botschaft des biblischen Basistextes wenigstens ansatzweise geklärt wird. Das Interesse ist dabei nicht, die Phantasie zu zügeln oder zu gängeln; aber es ist sicher nützlich, jedenfalls ungefähr die Richtung zu bestimmen, in die man gehen will. Sonst kann es leicht dazu kommen, daß der neue Text sich nicht mehr in seiner Beziehung zur

biblischen Basis erkennen läßt und es in der Gruppe eher zu Frustrationen kommt.

Wichtig ist allerdings, daß diese Phase nicht von langatmigen Erklärungen des Leiters/Lehrers besetzt wird. Am besten gibt er eine kurze Information zum Text als Arbeitsblatt vor, das in Gruppen studiert und besprochen werden kann.

Jetzt also der Arbeitsvorschlag.

1. Red-light-stage: Die Botschaft des Bibeltextes

Für diese Phase kann als Grundlage das Analyse-Schema verwendet werden, das in Kapitel 2 entwickelt wurde (s. o. S. 49 ff.):

Zunächst ist zu fragen: Wie können wir die Aussage und Absicht des Textes in seiner Zeit beschreiben?

An welche Hörer denkt der Text wohl? Welche Lebensverhältnisse sind vorausgesetzt? Auf welche Fragen, Probleme, Konflikte gibt der Text in seiner Zeit eine Antwort? – Welche sprachlichen Mittel wendet er an?

Weiterhin ist zu überlegen, welche Wirkungen der Text heute bei uns hat: Welche Hindernisse stellen sich dem Verständnis in den Weg? Welche Einstellungen haben sich gegenüber der biblischen Situation gewandelt?

Der dritte Gedankengang: In welche Richtung müßte der Bibeltext verändert werden, um in den heutigen Verhältnissen wieder seine Botschaft sagen zu können? Welche inhaltlichen Neu-Akzentuierungen bieten sich an? Welche Formen könnten wir wählen?

2. Green-light-stage: Ideen ausbrüten

Jetzt beginnt die eigentlich kreative Phase. (Wichtige Anregungen hierzu bei Petzold, 1978, S. 28–54.)

In diesem Stadium kommt alles auf ein kreativitätsfreundliches Klima an. Eine entscheidende Voraussetzung ist die Zurückhaltung des Leiters bzw. Lehrers. Er sollte nach Möglichkeit in dieser Phase ein anderes Mitglied der Gruppe bitten, die Moderation zu übernehmen.

Weitere Vorschläge:

– Es wird vereinbart, daß es beim kreativen Umgang mit dem Text grundsätzlich keine Tabus geben soll.

– Es wird darauf hingewiesen, daß auch ganz absurd scheinende Gedanken geäußert werden sollen.

– Die Gesprächspartner nehmen sich vor, auch Aspekte des Textes oder Themas ins Spiel zu bringen, die sie persönlich eigentlich nicht schätzen.

Das Sammeln der Ideen sollte zweckmäßig in der Form des *Brainstorming* geschehen:

Auf Zuruf der Teilnehmer notiert der Moderator die Ideen (Tafel; Poster; Tageslichtfolie). Während dieser Phase sind Diskussion und Kritik an den Vorschlägen nicht erlaubt, nur Anknüpfungen und positive Weiterführungen. Stockt der Ideenfluß, kann der Moderator (als Gesprächsteilnehmer, ohne Wertung) eigene Gedanken mit einbringen, die bisher nach seiner Meinung vernachlässigt wurden.

Nach Abschluß dieser Runde werden im Gespräch die einzelnen Ideen geordnet: Was gehört zusammen? Was fügt sich zu einem Vorschlag? Auch hier ist eine Bewertung noch nicht angezeigt!

Die kreative Phase kann auch mit gewissen *Vorgaben* arbeiten:

– als eine Möglichkeit wurde schon besprochen, daß eine vorliegende Verfremdung modifiziert wird;

– eine Variante dieses Vorschlags ist es, eine vorgegebene situative Verfremdung in der Art von *Vamos Caminando* daraufhin zu besprechen, ob und mit welchen Mitteln sie in unsere Verhältnisse übertragen werden kann;

– die Teilnehmer könnten auch von visuellen Vorgaben ausgehen (s. u.);

– schließlich wäre auch möglich, aus vorgegebenen verbalen Vorlagen auszuwählen.

3. Red-light-stage: Prüfen, auswählen, fertigstellen

Nach Abschluß der kreativen Phase geht es um die kritische Besprechung der Ergebnisse in der Gruppe. Zunächst muß entschieden werden, ob sich einer oder mehrere Vorschläge so profiliert haben, daß sie zu Verfremdungen ausgearbeitet werden können. Die Teilnehmer verzichten auf Wertungen wie „richtig" oder „falsch"; auf der Basis der Überlegungen aus der 1. Phase entscheiden sie, welche Ansätze für eine Weiterbearbeitung interessant sind. Die Ausführung geschieht dann in kleinen Arbeitsgruppen von nicht mehr als je vier Teilnehmern; sollten mehr Gruppen als Themen gegeben sein, können durchaus mehrere Gruppen den gleichen Ansatz weiterverfolgen. Der besseren Übersicht halber könnten die Gruppen ihre Ergebnisse auf Poster schreiben. Das abschließende Gespräch sollte möglichst nicht als gegenseitige Kritik angelegt sein; eher sollten einzelne Teilnehmer sich äußern, welche neuen Aspekte des Bibeltextes ihnen durch die Arbeit ihrer Gruppe oder die Ergebnisse der anderen Teilnehmer einleuchten.

Die folgenden Praxisvorschläge stellen einige verhältnismäßig leicht zu realisierende Produktionen vor.

Praxisvorschläge

1. Situative Verfremdung durch Kontexte. (Beispiel: Die Speisung der Fünftausend Mk 6,30–44 par)

a) Sachlicher und methodischer Ansatz

Der Text gehört zu den neutestamentlichen Wundererzählungen. Entscheidend zum Verständnis ist, daß er nicht mirakelhaft die einmalige Aufhebung von Naturgesetzen dokumentieren will; „die Geschichte steht hier nicht als Abbild einer einmaligen Erfahrung, sondern als Inbegriff vieler Erfahrungen" (Baldermann, 1963, S. 92).

Solche Erfahrungen, die auch das Leben der Urgemeinde mit einschließen, sind:

– Jesus erweist sich als der verheißene gute Hirte, der das verirrte Volk Gottes sammelt, lehrt und sättigt;

– Jesu Tischgemeinschaft mit seinen Jüngern, aber auch mit „Zöllnern und Sündern", ist engster Ausdruck der heilvollen Verbundenheit mit dem Messias;

– das Herrenmahl der Urgemeinde vergegenwärtigt das rettende Wirken des Christus; dies findet seinen Ausdruck auch im solidarischen Leben der Gemeinde, in der niemand Hunger leiden muß. Damit gewinnt das biblische Speisungswunder geschichtliche Qualität als Maßstab des Gemeindelebens.

Den Zugang zur Botschaft der biblischen Geschichte versperren heute hauptsächlich zwei Mißverständnisse: Wunder seien vor allem unerklärliche Vorgänge; und: Wunder seien einmalige Ereignisse der Vergangenheit.

Eine Verfremdung kann wohl vor allem das zweite Fehl-Verständnis aufbrechen, etwa indem sie durch Kontrastmaterial kenntlich macht, daß heute viele auf „Speisungswunder" angewiesen sind; oder indem geeignete Kontextmaterialien zeigen, daß heutzutage Menschen bereit sind, das wunderbare Geschehen fortzusetzen.

b) Praxisvorschlag

Als Kontrastmaterialien bieten sich vor allem Fotos an, die die verschiedenen Notsituationen darstellen. Die Teilnehmer tragen die Fotos zusammen (Illustrierte), wählen aus und gestalten daraus eine große Collage.

In diese könnten Blätter einbezogen werden, die die wichtigsten Aussagen des Bibeltextes wiedergeben. Die Skizze auf Seite 123 verdeutlicht, wie es gemeint ist.

So kommt der krasse Widerspruch zwischen biblischer Botschaft und heutiger Realität klar ins Bild. Er läßt die Frage nach einer „wunderbaren" Praxis der Christen aufbrechen.

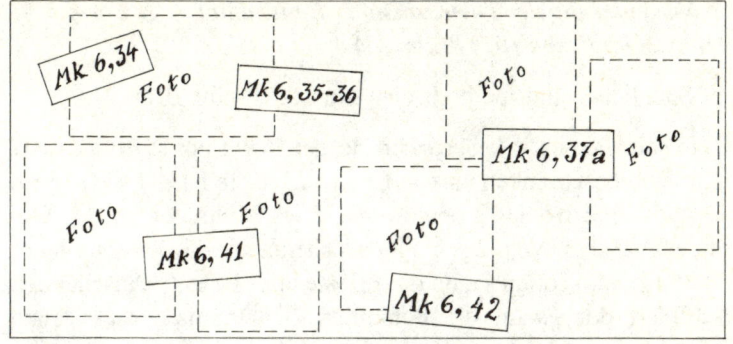

Im Bereich der verbalen Kontexte wäre an Berichte zu denken, die zeigen, daß diese Praxis hier und da wenigstens ansatzweise gelingt (Quellen: Informationen der Hilfswerke; gutes Material auch bei Albus, 1984).

Mit den gleichen Materialien könnte auch die Übertragung eines Abschnitts zum Thema „wunderbare Speisung" aus Vamos Caminando versucht werden.

Der entsprechende Abschnitt lautet: „Wo es für alle zu essen gibt" (S. 320 f.) und enthält folgende Elemente:

1. Schilderung von Not und Ungerechtigkeit:
2. Mk 6 als Handlungsperspektive
3. Gespräch über praktische Veränderungschancen („Kommt, wir sprechen miteinander")
4. Denkanstoß aus der biblischen Überlieferung: Jes 58,1–12 (verfremdet)
5. Lied
6. Foto: Lebensmittelmarkt
7. Bibeltext (Psalm 144)

Eine neue Sequenz analog dem lateinamerikanischen Beispiel läßt sich unter Verwendung der Bibeltexte aus den schon genannten visuellen und sprachlichen Materialien entwickeln; Liedvorschläge in: Brot und Friede, o. J.; Liederbuch der Friedensdienste, 1979. (Verfremdungen zum Thema sind für Band 7 der Reihe „Biblische Texte verfremdet" vorgesehen.)

2. Veränderung der Thematik unter Beibehaltung der Form (Beispiele: Psalm 107; Psalm 23)

a) Sachlicher und methodischer Ansatz (Psalm 107)

Da Psalm 23 schon besprochen ist, gehen wir nur auf Psalm 107 ein; wir beschränken uns auf den ersten Teil (V 1–32). Sein Grundthema ist das Loben von Gottes Wohltaten in der Gemeinde. Schon Vers 2 schlägt das Thema an, das immer wieder anklingt: „So sollen sagen die Erlösten des Herrn". Anschaulich schildert der Psalm die konkreten Bedrängnisse, aus denen Menschen gerettet wurden; dafür wollen sie Gott in der Gemeinde danken.

Der Psalm ist formal sehr streng gebaut: Einer Einführung folgen vier Strophen, wie die auf S. 125 abgedruckte Übersicht zeigt.

Sie ist wohl als liturgisches Formular zu verstehen: Bei großen Wallfahrtsfesten in Jerusalem hatten diejenigen, die ein Dankopfer gelobt hatten, Gelegenheit, ihr Versprechen einzulösen. Wahrscheinlich bietet der Psalm in seiner jetzigen Form eine mehr oder weniger zufällige Fixierung eines bestimmten Gottesdienstes – es wird durchaus viele Anlässe gegeben haben, bei denen der formale Rahmen mit ganz anderen Schilderungen aufgefüllt wurde.

Wie können wir diese Beobachtungen nutzen?

Das öffentliche Gebet im Gottesdienst bleibt heute oft blutleer, weil es wenig konkrete Situationen einschließt. Eine Verfremdung des Psalms könnte die strenge Formalstruktur mit neuen Erfahrungen füllen und damit einen Beitrag zum konkreten Sprechen vor Gott und von Gott in der Gemeinde leisten.

Aus Psalm 107

Einleitung

1. Danket dem Herrn, denn er ist freundlich,
   und seine Güte währt ewig.

2. So sollen sprechen die Erlösten des Herrn,
   die er aus Drangsal erlöst hat;

3. die er aus den Ländern gesammelt,
   vom Anfang her und vom Niedergang,
   vom Norden her und vom Meer.

Strophe 1

4. Die irre gingen in der Wüste der Einöde,
   und den Weg zur wohnlichen Stadt nicht fanden,

5. die hungrig und durstig waren,
   daß ihre Seele in ihnen verzagte;

   6. die dann zum Herrn schrien in ihrer Not

    Schilderung der Not

   und die er aus Drangsal errettete,

7. auf den richtigen Weg führte,
   daß sie zur wohnlichen Stadt kamen:

    Hilfe-ruf

    Schilderung der Rettung

   8. sie sollen dem Herrn danken für seine Güte
      und für seine Wunder an den Menschenkindern,

9. daß er ihre lechzende Seele gesättigt
   und die hungrige Seele mit Gutem gelabt hat.

Strophe 2: Errettung aus dem Gefängnis

Strophe 3

17. Die krank waren wegen ihres sündhaften Wandels
    und um ihrer Missetaten willen geplagte waren,

18. daß ihnen ekelte vor jeglicher Speise
    und sie schon nahe waren den Pforten des Todes;

    19. die dann zum Herrn schrien in ihrer Not

     Schilderung der Not

        und denen er aus ihrer Drangsal half;

20. denen er sein Wort sandte, sie zu heilen,
    die er errettete aus ihrem Verderben:

     Hilferuf

     Schilderung der Rettung

    21. sie sollen dem Herrn danken für seine Güte
        und für seine Wunder an den Menschenkindern;

     Aufforderung zum Dank

22. sie sollen Dankopfer darbringen
    und seine Werke mit Frohlocken erzählen.

     Begründung des Danks

Strophe 4: Errettung aus Seenot

125

b) Praxisvorschlag zu Psalm 107

Die Teilnehmer erarbeiten zunächst die Formalstruktur des Psalms; dies könnte ein Übersichtsblatt nach dem Beispiel von S. 125 erleichtern.

Sie diskutieren, welche heutigen Erfahrungen Anlaß zum Dank in der Gemeinde sein könnten. Sie formulieren neue Strophen. – Bei dieser Verfremdung ist es wichtig, daß das neue Lied auch tatsächlich „gesungen" wird, d. h. der Psalm in seiner neuen Form sollte Bestandteil einer Liturgie sein, die im Teilnehmerkreis oder besser noch im Gottesdienst der Gemeinde gefeiert wird.

c) Mit Kindern einen neuen Psalm verfassen.
Beispiel: Psalm 23

Oft urteilen Religionspädagogen, die Verfremdung biblischer Texte sei erst mit älteren Schülern möglich (so z. B. Grabner-Haider, 1972, S. 170 f.). Daß dies Urteil voreilig ist, zeigt folgendes Beispiel.

In mehreren dritten Klassen beschäftigten sich die Schüler mit dem 23. Psalm; sie lernten seine Bildsprache zu verstehen und begriffen ihn als Vertrauenslied. Sie beschäftigten sich mit einer indianischen Fassung des Psalms und erfuhren, daß der Beter in seiner Lebenswelt andere Bilder braucht, um in gleicher Weise Vertrauen auszudrücken wie der biblische Psalm.

Nun erhielten sie folgende Aufgabe: „Ihr sollt den Text jetzt so gestalten, daß er für euch Schüler von 9–10 Jahren paßt. Übersetzt ihn in euer Leben, euer Erleben, eure Erfahrungen! Denkt ja nicht, daß eure Sorgen und Wünsche nicht wichtig genug sind. Sie sind es! Sprecht sie an! Nun schreibt, setzt euch zusammen, wie ihr wollt!"

Die Schüler arbeiteten mit großer Begeisterung in kleinen Gruppen abschnittsweise ihren neuen Text aus. Abschließend trugen sie alle Einzelergebnisse zusammen, besprachen sie und formten dann ihren „Schülerpsalm", den jedes Kind für sich aufschrieb.

Der erste Teil lautet:

„Der Herr ist mein Vater und Lehrer.
Er gibt mir Freiheit, Brot und Milch.
Er führt mich zu einer grünen Wiese,
zum Spielplatz, zum Schulhaus,
zum frischen Essen,
zu Milch und Fruchtsaft."

Selbstverständlich kommt es nicht in erster Linie auf die Qualität der Ergebnisse an; aber die produktive Arbeit an einem Bibeltext hat bei den Kindern sicher eine neue Beziehung zur Überlieferung angebahnt, die am besten in der Bezeichnung „unser Schülerpsalm" zum Ausdruck kommt (an diesem Projekt arbeitete mit: Charlotte Siegel).

Etwas anders setzte der Unterricht in einer weiteren Klasse an; er bezog bildnerisches Gestalten ein und regte damit vielleicht die emotionale Auseinandersetzung mit dem biblischen Text noch stärker an. Ein Beispiel ist auf S. 128 wiedergegeben.

3. Erweiterung des Bibeltextes durch Montage
Beispiel: 1. Gebot/Mt 6,19–21

a) Sachlicher und methodischer Ansatz

Das 1. Gebot ist im biblischen Grund-Text an die Freiheitsansage geknüpft: „... der ich dich aus Ägypten, aus dem Diensthause, herausgeführt habe ..." (Ex 20,2). Dieser Kontext macht klar: Jahwedienst ist Bindung an den Befreier; seine Gebote sind nicht Unterwerfungsforderungen des Despoten, sondern Orientierungshilfen zum Bleiben in der Freiheit. Wo der Jahwedienst verkümmert, geraten die Menschen unter fremde Herrschaft. In dem Zusammenhang der Bergpredigt, dem die drei oben genannten Verse entnommen sind, ist es der „Mammon" (V 24), die biblische Bezeichnung für ein zwanghaftes Besitzstreben, das von Gott und Mitmensch trennt. Heute würden wir formulieren: Es geht um die Unterwerfung unter die Haben-Perspektive.

Aus dem 23. Psalm

Der Herr ist mein Hirte, mir wird nichts mangeln. Er weidet mich auf einer grünen Aue und führet mich zum frischen Wasser.

Gott gibt uns genug zu essen und zu trinken. Er sorgt auch für Kinder. Gott ist ein guter Hirte, weil er so gut auf uns aufpasst und uns versorgt.

Und ob ich schon wanderte im finsteren Tal, so fürchte ich kein Unglück, denn du bist bei mir. Dein Stecken und Stab trösten mich.

Wenn wir Angst haben sorgt Gott ganz gut, für uns. Wenn wir über Berge steigen ist Gott bei uns.

Jesus kennzeichnet dies nicht als verwerflich, sondern als dumm – ganz in der Tradition der alttestamentlichen Weisheitsliteratur; denn wer seinen Gott im Vergänglichen sucht, steht mit leeren Händen da. Bei der Formulierung „Schätze im Himmel" ist das Mißverständnis zu meiden, es ginge um die Ansammlung religiöser Verdienste; Jesus meint damit vielmehr den Reichtum und die Fülle des neuen Lebens in der Gottesherrschaft.

Heute haben viele schon erkannt, daß Besitz, Haben und Verfügen um jeden Preis zu teuer bezahlt sind, weil darüber das Menschsein verkümmert.

Dennoch ist das Haben-Wollen eine mächtige Versuchung, immer raffinierter angestachelt durch die Konsumwerbung. Sie verspricht uns, daß die elementaren Bedürfnisse wie Geborgenheit, Sicherheit, Anerkennung durch den Kauf bestimmter Produkte oder Dienstleistungen zu befriedigen seien. Dies zu durchschauen und als eine Lebensperspektive zu erkennen, die die Bibel radikal in Frage stellt, weil sie unser Leben verkümmern läßt, ist ein lohnendes Thema für eine Verfremdung. Dafür bietet sich die Methode der Montage an, weil die Werbung viel parolenartig verknapptes Sprachmaterial zur Verfügung stellt, das sich konterkarierend in die entsprechenden Bibeltexte einmontieren läßt.

b) Praxisvorschlag

Die Teilnehmer haben aus Illustrierten Werbematerial gesammelt. Es wird unter den Fragestellungen gesichtet: Was verspricht die Reklame? – Was kann der angefachte Konsum tatsächlich leisten? – Mit welchen Folgen ist zu rechnen, wenn wir uns auf das erwünschte Verhalten einlassen? (Überlagerung der elementaren menschlichen Bedürfnisse durch Konsum; Verlust an Beziehungsqualität . . .)

Jetzt werden die Bibeltexte studiert, zuerst Mt 6,19–21. Die Teilnehmer erkennen die Zusammenhänge mit den bisher besprochenen Gedanken: auch hier geht es um den Verlust an Lebensfülle durch das „Haben" (beachte die Hinweise zu

ICH BIN DER HERR DEIN GOTT
DU WIRST KEINE ANDEREN GÖTTER NEBEN MIR HABEN

SAMMELT EUCH NICHT SCHÄTZE AUF ERDEN
WO MOTTE UND ROST SIE ZUNICHTE MACHEN

Dynamisch und souverän. Oversize Series 110

UND WO DIEBE EINBRECHEN UND STEHLEN

■ Lebensversicherung ■

Leben braucht Sicherheit.

SAMMELT EUCH VIELMEHR SCHÄTZE IM HIMMEL
WO WEDER MOTTE NOCH ROST SIE ZUNICHTE MACHEN
UND WO DIEBE NICHT EINBRECHEN UND STEHLEN

Wir geben Ihrer Zukunft ein Zuhause.

DENN WO DEIN SCHATZ IST

GOLD, die glänzende Verführung.

DA WIRD AUCH DEIN HERZ SEIN

**Das Tor zur Geborgenheit
im klassischen Chic**

WORAN DU DEIN HERZ HÄNGST UND WORAUF DU DICH
VERLÄSST DAS IST EIGENTLICH DEIN GOTT (Luther)

„Schätze im Himmel"!). Die Einbeziehung von Vers 24 und des
1. Gebots (in der Exodus-Fassung) zeigt die Tragweite der
Entscheidung an.

Die Teilnehmer montieren nun die Werbe-Slogans zwischen den
Bibeltext. Das oben abgedruckte Beispiel versucht gewisse in-

haltliche Assoziationen zwischen den einzelnen Elementen der Montage herzustellen; der kleine Schriftgrad des Bibeltextes soll seinen Stellenwert im heutigen Bewußtsein verdeutlichen.

c) Ergänzende Hinweise zur visuellen Montage

Wegen der technischen Probleme ist die visuelle Montage oft schwer zu handhaben. Doch einige Formen lassen sich verhältnismäßig leicht realisieren:

– Die Teilnehmer erhalten Abzüge eines Kunstbildes in die Hand; Strichvorlagen wie Holzschnitte, Kupferstiche, Radierungen lassen sich problemlos kopieren. Jetzt können verfremdende Bildelemente eingeklebt oder eingezeichnet werden: z. B. Austausch des Jesus-Kindes in der Krippe durch einen Geldschein; Montage eines hungernden Kindes in eine prächtige Anbetungsszene im Stall von Betlehem . . . (s. Berg, 1978, S. 144–148).

– Das Gleiche läßt sich auch im großen Maßstab praktizieren: Von einer Zeichnung wird eine Tageslicht-Folie kopiert und auf ein großes Poster projiziert. Jetzt können die Linien nachgezogen werden; die Vorlage für eine großformatige visuelle Verfremdung ist fertig.

– Auch der umgekehrte Vorgang ist leicht zu realisieren: Ein religiöses Symbol wird in eine Situation aus dem heutigen Leben einbezogen. Die Zeichnung eines auferstandenen Christus beispielsweise wird mitten auf ein Blatt gedruckt (durchpausen; Kopie zurechtschneiden), die Teilnehmer erhalten die Aufgabe, Beispiele (Text, Bild) um die Figur herumzumontieren, die „Spuren der Auferstehung" in unserer Zeit zeigen (Menschen, die „neues Leben" erfahren oder es anderen spenden).

– Oder die Teilnehmer erhalten die gleiche Figur als Umrißzeichnung und passen diese in Fotos zu den verschiedensten Situationen ein: Krieg – Schlemmermahlzeit – Friedhof . . . Was könnte sich verändern, wenn die Gegenwart des Auferstandenen ernstgenommen würde?

POSTLUDIUM

es erbarme sich unser
der barmherzige gott
er verzeihe uns
unsere worte
unsere leeren
unsere finsternis verbreitenden
unsere giftigen worte
und führe
uns über eine neue sprache
zu einem neuen leben

Wilhelm Willms; der vollständige Text ist in Band 2 unter Nr. 34 abgedruckt

LITERATURHINWEISE

Michael Albus (Hg), Die Welt ist voller Hoffnung. Mainz 1984

Leo Baeck, Das Wesen des Judentums. Köln [6]1960
Ingo Baldermann, Biblische Didaktik. Hamburg 1963
Horst Bannach, Die grenzenlose Freiheit. Probleme des 20. Jahrhunderts im Spiegel des Galaterbriefs. Stuttgart 1964
ders., Der Himmel ist nicht mehr oben. Probleme des 20. Jahrhunderts im Spiegel des Kolosserbriefs. Stuttgart 1964
Hermann Barth, Die Jesaja-Worte in der Josia-Zeit. Israel und Assur als Thema einer produktiven Neuinterpretation der Jesajaüberlieferung. Neukirchen 1977
Hermann Barth/Tim Schramm, Selbsterfahrung mit der Bibel. München/Göttingen 1977
Hans-Dieter Bastian, Verfremdung und Verkündigung (Theologische Existenz heute. NF 127) München 1965
Horst Klaus Berg, Lernziel: Schülerinteresse. Stuttgart/München 1977
ders., Kreuz. Karikaturen zu einem christlichen Verständnis des Kreuzes. Gelnhausen/Freiburg 1979 (Dia-Serie)
Sigrid Berg (Hg), In den Sand geschrieben. 80 Kurzgeschichten für Religionsunterricht und Jugendarbeit
dies., Weihnachten. Stuttgart/München [2]1978
Sigrid und *Horst Klaus Berg*, Mit Liedern, Bildern und Szenen im Religionsunterricht arbeiten. Stuttgart/München 1981
Bertolt Brecht, Gesammelte Werke Band 1–20. werkausgabe edition suhrkamp. Frankfurt 1967
Brot und Spiele. Lied, Bild, Meditation. Herausgeber: Diakonisches Werk. Stuttgart o. J.

Ernesto Cardenal, Psalmen. Wuppertal 1968
ders., Das Evangelium der Bauern von Solentiname. Band 1 + 2. Wuppertal 1976

Fred Denger, Der große Boß. Das Alte Testament unverschämt fromm neu erzählt. Frankfurt 1984

Ingeborg Drewitz (Hg), Hoffnungsgeschichten. Gütersloh 1979
Umberto Eco, Der Name der Rose. München 1982
ders., Das offene Kunstwerk (Suhrkamp Taschenbücher Wissenschaft 222). Frankfurt [2]1985

Theodor Eggers (Hg), Adam, Eva & Co. Ziemlich biblische Geschichten. Düsseldorf 1980

Willi Erl/Fitz Gaiser, Neue Methoden der Bibelarbeit. Tübingen [7]1981

Adolf Exeler, Exodus. Ein Leitmotiv für Pastoral und Religionspädagogik. München 1975

Manfred Fischer, Einmischung in innere Angelegenheiten. Stuttgart 1980

Helmut Frenz, Die Bauern von Solentiname malen das Evangelium. Gelnhausen/Wuppertal 1982

Anton Grabner-Haider (Hg), Jesus N. Biblische Verfremdungen – Experimente junger Schriftsteller. Zürich/Köln 1972

Anita Harbarth, Wer ist dieser Mensch. Zugänge zu Christusbildern. Mainz 1981

John Heartfield. Leben und Werk. Dresden [3]1971

(Eckhard Siepmann) Montage: John Heartfield. Berlin 1977

Klaus-Peter Hertzsch, Der ganze Fisch war voll Gesang. Stuttgart [7]1978

Henning Heyde, Grüße von den ersten Christen. Stuttgart 1981

Manfred Hofmann, Identifikation mit dem Anderen. Stockholm/Göttingen 1978

Walter J. Hollenweger, Konflikt in Korinth. Memoiren eines alten Mannes. München 1978

Hanns Dieter Hüsch, „Und sie bewegt mich doch". Mainz 1985

Rudolf Kautzky, Sein Programm. Neutestamentliche Texte – neu. Stuttgart 1984

Hans-Joachim Kraus, Psalmen. 1. Teilband. (Biblischer Kommentar Altes Testament XV/1) Neukirchen 1960

Louis Kretz, Witz, Humor und Ironie bei Jesus. Olten [2]1982

ders., Der Reiz des Paradoxen bei Jesus. Olten 1983

Paul Konrad Kurz (Hg), Wem gehört die Erde. Neue religiöse Gedichte. Mainz 1984 (a)

ders., Gedichte lesen – Gedichte verstehen. (Beilage zu a) Mainz 1984 (b)

Johannes Kuhn u. a. (Hg), Fotobibel. Stuttgart/Kevelaer [4]1979

Liederbuch der Friedensdienste. Königswinter [5]1979

Ulrich Luz, Die Bergpredigt im Spiegel ihrer Wirkungsgeschichte. In: J. Moltmann (Hg), Nachfolge und Bergpredigt. München 1981, S. 37ff.

Kurtmartin Magiera, Ich habe dein Gesicht gesehen. 33 Texte und Fotos (Fotos Jürgen Heinemann). Kevelaer 1975

Kurt Marti, Geduld und Revolte. Gedichte am Rand. Stuttgart [3]1984 *ders.*, Für eine Welt ohne Angst. Wuppertal 1985

Carlos Mesters, Vom Leben zur Bibel – von der Bibel zum Leben. Ein Bibelkurs aus Brasilien für uns. Band 1 + 2. Mainz/München 1983

Klaus Meyer zu Uptrup, Zur Transformation des Gottesdienstes. In: Schnath, 1967, S. 9 ff.

ders., Die Bibel im Unterricht. Wege zur Vergegenwärtigung. Gütersloh 1977

Tilmann Moser, Gottesvergiftung. Frankfurt 1976

Siegfried Munz, Sie hören die Morgenandacht (rororo 5123) Reinbek 1982

Hans Ulrich Nübel, Der Regenbogen hat nie getrogen. Stuttgart 1981

Alfonso Pereira, Jugend mit Gott. Kevelaer [3]1973

Klaus Petzold, Beispiele für das eigene Gestalten. In: Loccumer Religionspädagogische Studien und Entwürfe 15. Loccum 1978, S. 28 ff.

ders., Kreativität im Lernprozeß. a.a.O., S. 47 ff.

Josef Reding, Krippenrede für die 70er Jahre. Skandal um ein Gedicht. Neukirchen 1978

Luise Rinser, Mirjam. Frankfurt 1983

Günter Rombold/Horst Schwebel, Christus in der Kunst des 20. Jahrhunderts. Freiburg 1983

Wilhelm Schlote, Lazarus lacht. Cartoons. (GTB 901) Gütersloh 1980

Gerhard Schnath (Hg), Werkbuch Gottesdienst. Wuppertal 1967

Ursula Schulz, Dein Friede sei mein Friede. Wuppertal/Gütersloh 1982

Dorothee Sölle/Fulbert Steffensky (Hg), Politisches Nachtgebet in Köln. Band 1 + 2. Stuttgart/Mainz 1969

Klaus Steack, Die Kunst findet nicht im Saale statt. Reinbek 1976

Ivan Steiger, Hallo Adam! München 1970

Alex Stock, Umgang mit theologischen Texten. Zürich/Köln 1974

ders., Textentfaltungen. Düsseldorf 1978

Unser Leben – Sein Wort. Das Neue Testament mit Fotos von heute. Stuttgart 1980

VAMOS CAMINANDO. Machen wir uns auf den Weg. Glaube, Gefangenschaft und Befreiung in den peruanischen Anden. (Hg.: Equipo Pastoral de Bambamarca). Freiburg/Münster [3]1983

Theophil Vogt, Bibelarbeit. Stuttgart 1985

Artur Weiser, Die Psalmen übersetzt und erklärt (Das Alte Testament Deutsch 14/15). Göttingen [6]1963

Weitersagen. Ein Arbeitsbuch für den evangelischen Religionsunterricht im 3. und 4. Schuljahr (Von Erich Bochinger u. a.). Frankfurt 1978

Wilhelm Willms, Der geerdete Himmel. Wiederbelebungsversuche. Kevelaer 1974

Walter Wink, Bibelarbeit. Stuttgart 1982

Kurt Wolff, Ein Maulbeerbaum für die Übersicht. Neukirchen 1980

Lothar Zenetti, Die wunderbare Zeitvermehrung. München 1979

Jörg Zink, Dia-Bücherei Christliche Kunst. Band 1–24. Eschbach 1983 ff.

Hinweis:
Dieser Band ist Teil einer Reihe, die auf sechs Bände angelegt ist.